La doctora CLARISSA PINKOLA ESTÉS es psicoanalista jungiana, poeta galardonada con diversos premios y «contadora» —guardiana de los antiguos relatos— de la tradición latinoamericana. Se dedica a la enseñanza y la práctica privada del psicoanálisis desde hace treinta años, y ha sido directora ejecutiva del C.G. Jung Center for Education and Research de Estados Unidos. Ha publicado *El jardinero fiel*, *Mujeres que corren con lobos* y *El baile de las mujeres sabias*.

Actualmente dirige la C. P. Estés Guadalupe Foundation, una organización en defensa de los derechos humanos entre cuyas misiones se incluye la transmisión, mediante radiofonía de onda corta, de cuentos destinados al fortalecimiento espiritual en enclaves conflictivos del planeta.

Papel certificado por el Forest Stewardship Council®

Título original: *The Dancing Grandmothers*

Primera edición en B de Bolsillo: febrero de 2025
Primera reimpresión: agosto de 2025

© 2007, Clarissa Pinkola Estés
© 2022, 2025, Penguin Random House Grupo Editorial, S. A. U.
Travessera de Gràcia, 47-49. 08021 Barcelona
© 2022, M.ª del Puerto Barruetabeña Diez, por la traducción
Diseño de la cubierta: Penguin Random House Grupo Editorial
Imagen de la cubierta: © Martina Eisele, Munich

*Printed in Spain* – Impreso en España

ISBN: 978-84-10381-48-3
Depósito legal: B-21.287-2024

Compuesto en Llibresimes
Impreso en Liberdúplex
Sant Llorenç d'Hortons (Barcelona)

BB 8 1 4 8 A

# El baile de las mujeres sabias

## CLARISSA PINKOLA ESTÉS

Traducción de M.ª del Puerto Barruetabeña

# ÍNDICE

*Para mi La signora,* Carla Tanzi
«*Nessun dorma!*
*nessun dorma!*

*Tu pure, o, Principessa...*
*Guardi le stelle*
*Che tremano d'amore*
*E di speranza...*»

Giacomo Puccini
*Turandot*

El amor será la medicina fundamental.
Y tú serás su milagro.

Clarissa Pinkola Estés

# LA CASITA DEL BOSQUE

¡Oh, mi valiente alma querida!

Bienvenida.

Pasa, pasa.

Te estaba esperando. Sí, a ti y a tu espíritu. Me alegro de que hayas encontrado el camino que te ha traído hasta aquí.

Siéntate un rato conmigo. Vamos a robarle unos momentos a «todas esas cosas por hacer». Ya habrá tiempo para todo eso después. Algún día, todavía lejano, cuando lleguemos a las puertas del cielo, te aseguro que no nos van a preguntar si barrimos bien la acera; allí nos preguntarán más bien si elegimos vivir intensamente y hasta qué punto, no con cuántas «nimiedades importantes» llenamos nuestras vidas.

Así que, por ahora al menos, dejemos que caigan sobre nosotras las bendiciones de la reflexión tranquila antes de ponernos a hablar de nuevo de este mundo tan ajetreado. Ven, siéntate en esta silla. Creo que es perfecta para tu cuerpo. Muy bien. Ahora respira hondo. Deja caer los hombros hasta su posición natural. ¿No es agradable respirar este aire tan puro? Respira hondo de nuevo. Céntrate. Yo espero. ¿Ves? Ya estás más tranquila y más presente.

He encendido un fuego estupendo para nosotras; aguantará toda la noche, tiempo suficiente para contarnos todas esas «historias dentro de historias». Espera un momento, voy a terminar de limpiar la mesa con menta fresca. Y vamos a utilizar estos platos tan bonitos y sacaré para beber lo que hemos estado guardando para «una ocasión especial». Sin duda, estos instantes en los que el alma predomina son «una ocasión especial». ¿Te has fijado alguna vez? Esa actitud de *guardar* tanto es la forma que tiene el ego de protestar porque no está de acuerdo con que el alma se merezca algún placer diario. Pero sí, sí que se lo merece.

Vamos a sentarnos aquí juntas un rato, comadre,[1] solo nosotras dos y el espíritu que toma forma cada vez que se reúnen dos o más almas que se aprecian, o cada vez que dos o más mujeres se ponen a hablar de «los asuntos que importan de verdad».

Aquí, en este refugio aislado, el alma es bien recibida y esperamos que exprese su opinión. Aquí tu alma va a estar bien acompañada. Te puedo asegurar que, a diferencia de lo que ocurre en muchos lugares del mundo exterior, tu alma está segura aquí. Así que estate tranquila, comadre, tu alma está a salvo.

Tal vez has venido hasta mi puerta porque quieres vivir de forma que llegues a alcanzar el bendito estado de «ser una anciana joven y una joven anciana», como a mí me gusta llamarlo, lo que significa vivir llena de interesantes paradojas que se mantienen en justo equilibrio. No olvides que la palabra «paradoja» significa idea contraria a la opinión establecida. Y así son las cosas para la *gran mere*, la mujer más grande, la gran madre, porque ella es una mujer sabia en ciernes que acumula en lo más profundo de su mente capacidades aparentemente ilógicas pero maravillosas y muy útiles.

Esas maravillosas habilidades paradójicas son,

principalmente: ser sabia, pero estar siempre buscando algo nuevo que aprender; ser espontánea y a la vez fiable; ser tremendamente creativa y a la vez decidida; ser osada y a la vez cuidadosa; proteger lo tradicional y a la vez ser original y auténtica. Espero que seas consciente de que todo esto se te puede aplicar a ti en mayor o menor medida (puedes ser todo esto en potencia, a medias o casi por completo).

Si te interesan estas divinas contradicciones, es que te interesa el misterioso y cautivador arquetipo de la mujer sabia, cuya representación simbólica es la abuela. Este arquetipo de mujer sabia forma parte de las mujeres de cualquier edad y se manifiesta de formas únicas en la vida de cada una de ellas.

La identificación del prototipo de la abuela, la gran madre, con uno de los principales aspectos del arquetipo de la mujer sabia no obedece a la edad cronológica o a una etapa de la vida de las mujeres. Una *gran* lucidez, una *gran* capacidad de predicción, una *gran* paz, comunicación y sensualidad, una *gran* creatividad, agudeza y valentía para aprender —es decir, el ser sabia— no son cosas que nos lleguen de repente ni que caigan a una cierta edad sobre nosotras como una capa que nos envuelve los hombros.

Una *gran* claridad y percepción, un *gran* amor con toda su magnitud, un *gran* autoconocimiento, profundo y amplio, el desarrollo de una refinada sabiduría aplicada son partes de «una obra inacabada», tenga la mujer los años que tenga. Lo «grande», a diferencia de lo ordinario, hay que ganárselo y, muchas veces, para conseguirlo, hay que soportar duros golpes, quemaduras y heridas en el espíritu, hay que elegir caminos equivocados o vivir emocionantes nuevos comienzos, tanto en las primeras etapas de la vida como al final de la misma o en las etapas intermedias. Lo que queda después del desastre y de la caída resurge y la mujer lo va practicando con su espíritu, su corazón, su mente, su cuerpo y su alma hasta que es, no solo competente en esas formas de paradójica sabiduría, sino que muchas veces las acaba aplicando a su forma de vivir, ver y ser.

Hay muchos tipos de abuelas venerables en los mitos y en la realidad consensuada. Es cierto que ser la abuela de un niño pequeño es como enamorarse y que el nacimiento de un bebé puede hacer que una anciana se derrita. Además, el gran orgullo que supone «haber parido a una mujer que también ha dado a luz» es algo de lo que alardear y que concede grandeza. Pero tener descendencia no es la única forma de verse ungida con el título de abuela; hay muchas más.

Hay mujeres en la vida real que son abuelas de generaciones de ideas, procesos, genealogías, criaturas o periodos de su arte y que están siempre aumentando su sabiduría y expresándola. Son mentoras, enseñan sus dones, guían a alumnas y aprendizas, apadrinan a autoras y a artistas y ayudan a madurar a otras, porque las mujeres maduras también necesitan cariño y orientación para florecer una estación tras otra.

Pero, seguramente, es en los mitos donde se reconoce más fácilmente que la abuela, como representación paradigmática del arquetipo más amplio de la mujer sabia, tiene ante sí una tarea fundamental que es sobrecogedora y difícil pero a la vez alegre y enérgica. La tarea principal de la abuela es, con todas sus consecuencias, vivir la vida al máximo. No a medias, ni a tres cuartos. No unos días sí y otros no, sino vivir una vida plena cada día. Y no cumpliendo la voluntad de otra persona, sino la propia, decidida, libre y llena de vitalidad (y no de aburrimiento). Y hay una razón para que este sea su cometido principal.

Una de mis abuelas, Viktoriá, tenía un perrito al que le sobresalía la mandíbula inferior hasta el punto de hacerlo parecer un terrible Cancerbero en miniatura; pero, en realidad, era un pedazo de pan. Mi abuela también tenía un gatito negro al que le gustaba lanzarse a por los rosarios que ella tenía colgados de los picaportes de las puertas por toda la casa («Por si tengo que ponerme a rezar por alguien urgentemente»). Hablaba con el perro y con el gato como si fueran personas: «Los animales tienen alma, ¿sabes?», decía.

Si, de repente, el perro se levantaba de un salto, lleno de energía, para perseguir un olor nuevo, también el gato se ponía a correr como loco por la habitación. Igualmente, cuando el gato saltaba desde la parte superior de la radio antigua al respaldo de la butaca de mi abuela, cubierto con un tapete de croché, y después de vuelta a su sitio original, el perro lo detectaba al instante y se ponía a dar brincos, aparentemente muy contento. Cuando esto ocurría, mi abuela siempre me decía que debíamos unirnos a la fiesta. Me cogía de las manos y nos poníamos a dar saltitos al ritmo del baile del perro y el gato. Entonces decía: «Cuando alguien vive plenamente, los demás también lo hacen». Así que todos los animales, nosotras incluidas, volvíamos a ser salvajes durante unos segundos.

Con esa frase quería decir que, cuando un alma se decide a vivir lo más intensamente posible, «prende la chispa» en muchas otras que están cerca. A pesar de las barreras, de la contención, incluso de las heridas, si una rompe con todo para vivir al máximo, también otras lo harán, entre ellas las de sus hijos, sus compañeros, sus amigos, sus colegas e incluso extraños, animales y flores. «Cuando alguien vive plenamente, los demás también lo hacen». Ese es el imperativo principal de la mujer sabia: vivir de forma que otros se sientan inspirados, de una manera propia y emocionante para que los demás vean cómo se hace.

Si se consideran los diez primeros años de una vida como una década, yo estoy ya en mi séptima década en la Tierra. Y ahora veo con total claridad que «la obra de amor» de una abuela también se desarrolla en el ámbito terrenal a través del imperativo de disfrutar a lo grande, de divertirse mucho de formas sanas, de estar atenta (lo cual puede implicar interferir para conseguir un resultado mejor), de validar (en el sentido de dar la bendición), de enseñar (es decir, de mostrar cómo se hace) y de reconfortar (hablando del espíritu y del alma y no solo de la mente y el cuerpo). De esa forma, una abuela cuida de otras almas de todas las edades que se cruzan por su vida, aunque solo sea un momento. Esto me lleva a una pregunta muy especial sobre la que quiero que reflexiones: ¿alguna vez has conseguido ver de qué está compuesto tu yo más grandioso? Yo creo que una mujer puede llegar a ver gran parte de su yo profundo a través de un inusual fenómeno que está presente en los cuentos de hadas, historias en las que se describe con claridad cómo una mujer se vuelve sabia.

Si analizamos el argumento de los cuentos y de los mitos, hay un detalle que siempre se repite: cuando una mujer joven está en apuros, no suele aparecer un príncipe, sino una anciana sabia que muchas veces se materializa de la nada, trae sus polvos mágicos y se apoya en su bastón de madera.

Tanto si esa anciana es una bruja o una hechicera como si es una maga metamorfa o voluptuosa, tanto si va vestida con un atuendo hecho de hierbas, una túnica que brilla con los colores del atardecer, una capa oscura como la medianoche como si va cubierta de pies a cabeza por una armadura de batalla, se trata siempre de una «conocedora» ancestral que surge inesperadamente para ayudar a la mujer más joven.

Aparece en la ventana de la prisión con un sabio consejo sobre cómo escapar, o le da a la heroína a escondidas un anillo, un espejo mágico o un frasquito de lágrimas que le servirán de protección. Puede que le susurre unas palabras crípticas que la heroína deberá considerar e interpretar para encontrar por fin su camino. Los príncipes están bien, pueden ser excelentes incluso, pero en los mitos casi siempre es la anciana quien trae lo verdaderamente bueno.

Pero tampoco debemos menospreciar a la heroína más joven, y muchas veces inocente, a pesar de los apuros y los desafíos a los que se enfrenta en los cuentos. Como las mujeres jóvenes en la vida real, también suele poseer una impresionante sabiduría propia. Pero muchas veces tiene miedo de hacer lo que su alma le dice o está en medio de un aprendizaje de gran importancia que, de repente o pasado un tiempo, le ha provocado un conflicto. Esto es lo que ocurre en algunos mitos griegos, como el que habla del río del olvido, el río Lete, o de ríos envenenados como el Estigia, que un alma viva no sabe cómo cruzar para poder regresar ilesa a la tierra de los vivos.

Hay un cuento que se contaba mucho en nuestra familia y que nosotros llamábamos «El collar». En él, una chica es expulsada del pueblo por ser *diferente*. Ella, que cuenta con un gran legado, consigue ignorar esa denigración y valorar su verdadero yo viéndose a través de los ojos de su abuela. Pero hasta que conoce a una anciana sabia, bastante aterradora, tiene miedo de creerse que ella es más que una simple humana.

En el mito de Psique y Eros, Psique no se da cuenta del profundo error que ha cometido al intentar *ver* el amor verdadero en vez de *confiar* en él. Como resultado, su perfecto amante, Eros, se siente herido y desaparece. Ella tiene que hacer un oscuro viaje hasta el inframundo, donde se encuentra con tres ancianas hilanderas que le hablan de la brevedad de la vida y de la necesidad de buscar lo que de verdad importa.

Hay muchos cuentos y mitos en los que una mujer joven no es consciente de la gravedad del peligro al que se enfrenta su alma, pero la anciana de la historia sí.

Al menos, por suerte, la fuente de sabiduría aparece de forma bastante fiable, y no solo en los mitos. En la realidad, si miras a tu alrededor, es probable que descubras que cerca de ti hay alguna anciana maravillosamente excéntrica, elegante o extravagante, un poco gruñona pero pícara, fuerte y muy hermosa. Piensa... ¿No conoces a varias almas venerables que se parecen a la sabia que aparece en los cuentos? ¿Una mujer a menudo clarividente, con muy buen ojo y que parece conseguir las cosas de forma mágica, aunque, en realidad, utiliza estrategias indudablemente sabias? ¿Sí? Si crees que no la hay, piénsalo bien, porque si no la conoces, tal vez sea porque tú eres una en ciernes. ¡Sí, tú!

En los cuentos, la pareja que forman la mujer joven y la anciana se une para aportarse cosas buenas y muy necesarias, para hacer el bien, para atreverse y ser valientes, para vivir ese tipo de vida en el que las almas reciben todo el alimento que necesitan.

¿Por qué es tan importante que la sabia le aporte a la joven sus atributos? ¿Y por qué la sabiduría y la energía de la joven son fundamentales para la anciana? Porque juntas simbolizan dos aspectos esenciales de la mente de todas las mujeres: que el alma de una mujer es vieja, al margen de la edad, y que su espíritu es siempre joven, y, al unir ambos, tenemos a «una anciana joven y a una joven anciana».

Tengas los años que tengas, ¿te has sentido alguna vez como si aún tuvieras dieciséis? Ese es tu espíritu. El espíritu es siempre joven y, aunque su experiencia y su sabiduría van aumentando, siempre mantiene la exuberancia, la curiosidad y la desenfrenada creatividad de la juventud. ¿Y has tenido alguna vez la sensación de haber dicho o hecho algo más sabio o inteligente de lo habitual? Esa es una de las pruebas de la existencia de tu alma, de la fuerza ancestral que hay dentro de tu mente, que *sabe* y actúa en consecuencia.

En una mente equilibrada, estas dos fuerzas, el espíritu joven y el alma vieja y sabia, se funden en un abrazo que hace que se realcen mutuamente. Cuando la guía este dúo dinámico, la mente funciona a la perfección y es capaz de enfrentarse a dragones, escapar de altas torres, pelear con monstruos, romper hechizos, encontrar la luz y recordar la autenticidad del yo.

¿Y qué debe hacer una mujer que ha perdido el contacto con alguna de las dos partes de esa naturaleza dual y maravillosa que hay en su interior, ya sea el espíritu juvenil o la anciana sabia, con aquello que la hace ser una *gran* hija, una *gran* madre o una *gran* alma?

Esa mujer debe recibir «el don» de vivir plenamente. A veces vivimos todas nuestras vidas esperando ese «don», esa bendición que nos abrirá las puertas de par en par diciendo: «Ve y sé la fuerza que estás destinada a ser. Ve y vive la vida al máximo hasta alcanzar todas tus metas».

Pero ese don no es algo que puedas «conseguir», sino algo que tienes que aprender a «utilizar», porque ya lo tienes; es el genio con que naciste. Ese don hace que pienses en ti de una forma completa y que le des un buen uso a toda la grandeza que hay dentro de tu precioso y salvaje ser.

Así que, si has estado esperando que llegue ese don, te advierto que no tienes que esperar más, porque los dones que yo puedo transmitirte se basan en la certeza de que los atributos innatos y eternos de tu alma existen, porque los veo. Pero ¿quién puede atreverse a decir que ve algo así? Creo que ha llegado el momento de que nos paremos un momento y compartamos unas buenas carcajadas, porque si has llegado a formular esta pregunta, es que ya sabes la respuesta. Escribe esto en la pared: «Nunca subestimes la audacia espiritual de una anciana peligrosa».[2]

¿Te acuerdas de lo que establecimos al principio,

aquello de que aquí el alma podía hablar con libertad? Entonces, ya que has venido a sentarte junto a mi hogar, ya seas la joven o la anciana, el espíritu o el alma unidos o aún extraños, tanto si eres la que se va a poner a prueba, la que ya ha superado la del tiempo, o ambas, inclina la cabeza, hija mía, y deja que te transmita este don delicado y a la vez temible, para que lo conserves el resto de esta noche de «historias dentro de historias» y también durante el viaje que te espera después.

Ahora ya sabes que tienes ese don a pesar de los momentos de flaqueza, de las caídas y de las pérdidas, de las certidumbres, de los aciertos y de los momentos de asombro, pues todo esto es lo que te impulsa a seguir adelante.

Que gracias a él seamos las que resisten cualquier falsedad colectiva que intente silenciar la visión y la percepción de nuestras almas. Deja que la mujer sabia salga de lo más profundo de los bosques.

Aléjate de los que te desprecian porque no han oído esta llamada para acercarse a la vida del alma. Permite que la sabia dé un paso al frente.

Y, si es necesario, conviértete en un elemento subversivo lleno de alegría que no deje de crecer y de mostrar su corazón sereno y lleno de luz. Así emergerá el espíritu en la superficie del lago.

Neguémonos a que nos aparten o nos exilien e ideemos nuestro plan de fuga para huir de lo morbosamente banal y de lo que se ha estancado en la brutalidad o en la inercia. Que el espíritu irradie toda su luz.

Olvidemos los riesgos, los nuevos y los antiguos que han pasado la prueba del tiempo. Al hacerlo, se reunirán de nuevo la joven y la sabia, más grandes.

Y, a pesar de todo el tiempo que has estado limitada o constreñida, da igual si eres una mujer con pocos años, pero con mucho valor, una de cierta edad que ya ha ganado muchas batallas o una mujer ya mayor que siempre está buscando nuevas habilidades para mantener su fuego con fuertes llamas o con tranquilas ascuas, debes recordar varias cosas:

Si es visión y fuerza lo que buscas, debes permanecer al lado del alma.

Si es energía y resolución lo que necesitas para actuar en tu beneficio y en el del mundo, debes estar al lado del espíritu.

Si es sabiduría lo que quieres, une el espíritu con el alma, es decir, une la acción con la pasión, el atrevimiento con el saber, la energía con la profundidad, e invita a todos los aspectos de tu mente a la hierogamia,[3] esa unión sagrada.

Que te sientas llena del alma y el espíritu, querida hija.

Ahora debes elegir aquello que hace que tu corazón, tu mente y tu vida crezcan y no se encojan.

Aquello que hace que tu corazón, tu mente y tu vida sean más intensos y no se estanquen y mueran.

Aquello que te hace bailar y que no deja que te marchites y te sumas en el letargo del pasado durante más tiempo.

Los instintos del alma y del espíritu son acertados. Obedécelos.

El alma y el espíritu encierran grandes dones del corazón. Libéralos.

El alma y el espíritu tienen la capacidad de ver más allá, de remar fuerte y de sanar bien. Aprovéchalos.

La mujer más grande de todas, que está sentada junto a una gran hoguera, lleva toda la vida esperándote en el bosque que hay en tu interior. A pesar de que hayas tenido que cruzar la oscuridad más aplastante para lograr encontrar un diamante, o un desierto que te ha despojado de todo, pero que te ha mantenido viva gracias a sus aguas ocultas, o que hayas sido arrastrada por un río, aunque después unas manos invisibles te hayan ayudado a superar los rápidos; a pesar de todos y cada uno de tus sufrimientos, la más grande de las mujeres, con su gran espíritu, te está esperando y enviándote pacientemente mensajes a través de lo más profundo de tu mente con todas las herramientas que tiene a su alcance. Esa es su tarea, la más importante de todas. Y la tarea más importante en la que tú debes embarcarte es encontrarla y mantenerla siempre.

Algunos dicen que los dones o las bendiciones son solo palabras, pero, hija, con tu esperanza, tu capacidad de amar, tu deseo de conectar con el alma y el espíritu, tu creatividad, tu interés y tu inquietud por vivir la vida plenamente, esta bendición va a ser para ti solo palabras. Va a ser una profecía.

«Cuando alguien vive plenamente,
los demás también lo hacen».

# LA SABIDURÍA DE LA NUEVA VIDA.
## LAS ABUELITAS

Escucha, querida, nunca subestimes la resistencia de la anciana sabia. A pesar de verse desgarrada o tratada injustamente, en su interior, bajo el yo que sufre, encierra otro yo, uno primario, radiante e incorruptible, un yo iluminado que siempre está completo. La anciana sabia sabe con seguridad que tiene ocultas bajo su abrigo unas alas de seis metros de envergadura y lleva todo un bosque bien plegado y guardado en uno de sus grandes bolsillos. Que unas zapatillas doradas de siete leguas descansan bajo su cama. Y que a través de los cristales de sus gafas ve casi todo lo que se puede ver. La alfombrilla que hay frente a su chimenea tal vez sea voladora. Y quizá si se quita el chal que lleva pueda despertar a los perros del infierno o llenar el cielo nocturno de un millar de estrellas. Ella ríe mientras surca los cielos utilizando como nave la mitad de su corazón roto. Sus plumas se despliegan, porque ella siempre está aprendiendo del amor. Se deja llevar por cualquier brisa que transporte dulces melodías. Busca proteger el alma de todo. Los cantos de los pájaros le traen noticias ocultas y tiene ese «ojo mágico» que ve más allá de todo, incluso del presente. Igual que su *alter ego* humano, seguramente vive cerca de un precioso río. O tal vez ella es uno.

LA MUJER QUE SABE

SUS ATRIBUTOS: CUENTA CON
LA CAPACIDAD DE IR EN CONTRA
DE TODA PROBABILIDAD Y DE ENSEÑAR
A LAS DEMÁS A HACER LO MISMO.

LAS HIJAS ÁRBOL

Todos los árboles tienen bajo tierra una versión primitiva de sí mismos. Allí el venerable árbol alberga un «árbol oculto» formado por raíces vitales que beben de aguas subterráneas. El alma oculta de ese árbol hace ascender su energía desde esa red de raíces hacia arriba, de forma que su verdadera naturaleza, exuberante y sabia, florece sobre la tierra.

Ocurre igual con la vida de una mujer. Igual que el árbol, la parte que está sobre la tierra puede lucir espectacular o abatida, pero su apariencia no importa; bajo tierra hay una «mujer oculta» que cuida la chispa dorada, esa energía brillante, esa fuente emocional que nunca se agota. El propósito de esa «mujer oculta» es impulsar ese espíritu esencial para la vida hacia arriba, al otro lado de la tierra, para que alimente el yo exterior y el mundo que lo rodea. Sus momentos de expansión y reinvención dependen de este ciclo.

¿Alguna vez has amado un árbol? Si alguna vez le has profesado cariño a un bosque o un árbol, seguro que sabes que existen árboles que, aunque a veces se pudren, engañan a todo el mundo, porque realmente viven para contarlo y mostrarnos su majestuosa vuelta a la vida. Otra manifestación de la chispa dorada.

Conocí muchos árboles robustos en los bosques septentrionales donde me crie. Pero en aquellos tiempos, los grandes árboles estaban sometidos a un peligro constante, incesante, por culpa del frenético «desarrollo» (esto también sucede a menudo en la vida de las mujeres). En vez de ver la tierra como un cuerpo vivo y construir siguiendo sus curvas y contornos, se diseñaron todo tipo de estructuras para dominarla y la obligaron a plegarse ante ideas que no procedían de ella.

Las fértiles tierras de cultivo quedaron sepultadas bajo casas que parecían cubículos hechos en serie. Las colinas y las terrazas parecían cubiertas por una especie de armadura formada por las escamas del lomo de un dragón. Las playas se ahogaron bajo el hormigón y los caminos verdes se volvieron de asfalto hasta que solo quedó un pequeño trocito de verdor. Y en ese entorno los árboles, tanto los viejos como los nuevos, tuvieron que enfrentarse a diario a la polución, a las invasiones externas, a los cambios en los niveles de las aguas subterráneas y, por tanto, al desequilibrio de los nutrientes fundamentales de la tierra.

Conocí a una anciana árbol que estaba sufriendo estos peligros: era un álamo de Virginia muy venerable, ya bisabuela. Este árbol había logrado sobrevivir durante varios cientos de años a olas de calor, inundaciones y heladas y al impacto de todas las criaturas que habían hendido su corteza. Era lo que llamábamos «un árbol de tormenta de nieve en verano», porque liberaba diminutas semillas unidas a un resplandeciente hilillo blanco que se alejaban flotando, arrastradas por el viento cálido de primavera, creando una verdadera lluvia de hilos de telaraña. Pero que nadie se engañe: que desprendiera unas semillas cubiertas de un envoltorio tan tenue no significaba que fuera una abuela árbol frágil. Nada de eso. Era una guerrera.

Después de haber librado y vencido en batallas que no buscaba, pero que se iba encontrando en su camino una y otra vez, seguía aguantando, alta y orgullosa. Pero un día la *descubrió* un grupo de gente que apareció con sierras y hachas. Y entonces, durante varias semanas horribles (tal era su envergadura, su fuerza y la resistencia de su corazón), tuvo que sufrir que le arrancaran la corteza y que la talaran sin ningún miramiento.

Después, se la llevaron lejos en un enorme camión que despedía humo negro. En un aserradero, cubierto con un tejado de chapa oxidada, la «despiezaron» para hacer tablas comunes y corrientes con las que construir palés y cajas de madera. Y como ocurre muchas veces en la vida de las mujeres, el veredicto que emitieron los que vieron todo aquello fue que habían podido con ella, que había llegado su fin. Algunos, que tenían otros planes en mente, tal vez incluso pensaron que habían hecho bien en talarla. Pero la mujer oculta bajo tierra que cuidaba la chispa dorada tenía otras ideas...

Imagínate un bloque de madera, uno de verdad. Ahora imagínate un álamo impresionante y lleno de vida, revestido de una corteza en la que se adivina la forma y el tamaño de miles de bastos bloques que forman ondulantes hileras por todo su tronco; tal era la profundidad de las hendiduras de la corteza de esa abuela álamo; una imagen impresionante. Los pájaros que pasaban el rato posados en la maraña de cables y mangueras de la gasolinera contaban que su corteza era tan gruesa que, tras los primeros tajos del hacha, las cuñas de madera salían despedidas con tal fuerza y velocidad que llegaban hasta los leñadores que estaban en el camino. Según ellos, necesitaron siete días de trabajo solo para arrancar la corteza del tronco. No resultó fácil acabar con la dura armadura de aquel imponente espíritu.

Ni un árbol ni una mujer deberían pasar por algo así en sus vidas: verse cercenadas y derribadas para ser sustituidas por algo de dudoso valor. Hay otras formas de vivir y dejar vivir, de fundirse y florecer plenamente.

Mi familia proviene del medio rural ancestral, donde existía la tradición de que los árboles para talar estaban separados de los árboles del bosque. Los árboles se plantaban por grupos: unos para vender y otros para conservar y tener leña. Pero los árboles gigantes de la naturaleza disfrutaban de una consideración especial. Los árboles del bosque no se talaban porque eran los guardianes espirituales del pueblo.

Los árboles guardianes eran los que protegían al pueblo del calor del verano, los que frenaban el viento durante las tormentas y los que sostenían la nieve que se acumulaba tras las nevadas para que no sepultara las granjas y pusiera en peligro vidas. Los grandes árboles del bosque atrapaban entre sus brazos frondosos todo el polvo en suspensión que el viento levantaba en los campos, evitando así que se colara por las rendijas de los aleros o por debajo de las puertas. Los viejos árboles transmitían una felicidad vibrante y serena a los corazones de todos los que los miraban y se apoyaban en sus troncos. Por todo esto, los viejos árboles, como si fueran los ancianos del pueblo, ni se derribaban ni se abandonaban a su suerte.

Según esta antigua tradición rural, si esa abuela álamo de la que hablábamos hubiera acabado sus días por una causa natural, «a su debido tiempo, en el momento adecuado», entonces sí la habrían derribado, si no hubiera caído por su propio peso antes. Pero de su tronco habrían sacado una cumbrera y varias riostras y listones para que su cuerpo se convirtiera en el armazón de una casa.

Y la casa se habría construido «con vistas» a las raíces del viejo árbol para que todo el mundo pudiera decir con orgullo: «¿Ves? Al final de su vida, nos deshicimos de esa abuela árbol con el debido respeto. Ahora tiene una nueva forma y está en un buen lugar, cerca del anterior. Su amor por nosotros y nuestro amor por ella no ha desaparecido. Ella sigue aquí».

Si en vez de vivir en medio de la vorágine del mundo moderno (donde a veces se les da prioridad a las presiones humanas por conseguir la eficacia en vez de planificar a largo plazo para mantener vivos esos dones de la naturaleza), esa gran abuela álamo hubiera vivido en el entorno rural ancestral, los suevos habrían fabricado cuencos con los nudos de su corteza siguiendo las curvas de sus vetas. Esos cuencos se usarían para contener leche de burra y pan negro. Y el pintor del pueblo habría dibujado imágenes de esa abuela álamo en el encalado del muro del porche de la casa y bajo su alero, para demostrar que las raíces de la casa y las del gran árbol estaban unidas no solo sobre la tierra, sino también bajo ella.

Pero eso era lo que se hacía en aquel tiempo; en la actualidad, muchos han olvidado que la naturaleza no es una extraña, sino una pariente. Después de que talaran a la abuela álamo, la gente experimentó diferentes sentimientos por su pérdida: algunos se mostraron imperturbables, otros bastantes enfurecidos, pero la mayoría de la gente se sintió desconcertada ante la destrucción de un ser tan impresionante que les había proporcionado durante mucho tiempo todo lo que cualquier alma podía pedir. Era la abuela álamo bajo cuya sombra cualquiera podía recuperar fuerzas, entre cuyas ramas se colaba la luz de las estrellas por la noche, contra cuyo tronco podía descansar el alma, cuyo susurro calmante, provocado por el rumor de sus hojas agitadas por el viento, reconfortaba a todo el que lo oía, cuyo cobijo buscaban los amantes para encontrarse, en cuyo tronco se apoyaban los que lo necesitaban para llorar y bajo cuya copa los espíritus afines podían conversar rodeados de paz.

Y, de repente, en el lugar en el que la abuela álamo había rozado el cielo con sus ramas, ahora había un espacio extraño, un vacío, un umbral oscuro que no llevaba a ninguna parte. Los arbustos espesos y los helechos invasores que cubrían el suelo no podían, ni mucho menos, llenar el espacio que había dejado esa torre verde desaparecida. Pero, aun así, la mujer oculta bajo tierra no había dejado de cuidar su chispa dorada. Aun así...


Con el paso del tiempo, algo empezó a pasar en el tocón de la abuela álamo. Lo que habían dejado de ella, que todavía asomaba de la tierra, tenía un diámetro de casi dos metros. Esa extensión lisa y plana era lo bastante grande para que cuatro mujeres de caderas anchas pudieran tumbarse, una junto a otra, sin amontonarse.

Fue pasando el tiempo.

Y pasó más tiempo...

Entonces ocurrió lo que yo llamo «un lento

milagro». Del tocón que había quedado en el lugar del árbol, de esa abuela del bosque, surgieron doce vástagos. Y empezaron a crecer. Fuertes. Ondulantes. En círculo, como si bailaran. Encima del tocón. Rodeando su perímetro. Doce árboles que danzaban.

Los arbolitos que se elevaban desde el tocón de la abuela álamo eran, evidentemente, sus hijas. En la mitología se dice que un árbol así, con vástagos, es un árbol «con un círculo de hadas». Se trata de espíritus que nacen de lo que parecía muerto para bailar, para celebrar una nueva vida llena de felicidad. No son árboles plantados; son evocaciones que surgen, muchas a partir de una, de esa única chispa dorada. En la mitología griega, Deméer, la madre tierra, muere cuando pierde a su hija y después recobra una vida floreciente cuando se la devuelven. Eso fue lo que le ocurrió a esta abuela árbol: sus hijas árbol provenían de la más antigua de las raíces y le infundieron vida a todo el sistema de nuevo. Y no una vida estática, sino una llena de baile.

Ese «rebrotar» de los árboles ocurre a menudo en la naturaleza, porque la nueva vida permanece almacenada en la raíz; ocurre incluso cuando la mayor parte, la que está sobre la tierra, ha sido derribada o arrancada, incluso cuando no se ha tratado con respeto o cuando no se ha engendrado algo digno a partir de ella, incluso cuando está rodeada de apatía y de frases como «¿Y qué importa?», incluso cuando la corteza se ha desgajado y destruido. Imagínatelo: del espacio vacío no solo surge una cosa nueva y joven, sino muchas. A pesar de todo lo demás, la mujer oculta bajo tierra sigue cuidando la chispa dorada.

Ahora, cuando llegan los audaces vientos, las hojas de esas maravillosas hijas árbol se agitan y hablan con mil susurros de verdor. Si creemos que eso no es un milagro, no tenemos ni idea de lo que son los verdaderos milagros. ¿Quién puede decir que algo muy apreciado que se ha hecho pedazos está completamente muerto? Aunque una mujer se encuentre hecha pedazos, ¿quién puede saber qué valiosa vida nacerá de sus heridas, de sus cortes, de la energía que asciende desde su núcleo oculto, de su chispa dorada? Por muy profundo que sea el daño, la radiante raíz que hay en ella sigue viva y generosa, y saldrá siempre de nuevo al exterior en busca de una vida plena.

Hay algo en el interior de la mente de muchas mujeres que comprende intuitivamente que la palabra «cura» está incluida dentro de la palabra «curación». Cuando nos hacemos daño, esas mujeres se convierten en «curanderas» a las que no les faltan recursos para curar (porque algún filamento vibrante y que da vida de su espíritu y su alma avanza inexorable hacia una nueva vida), ya sea generando nuevas fuerzas de muchos tipos, reconstruyendo la integridad perdida o creando una nueva y diferente a la que había antes. Esa fuerza interna rebosa impulso hacia el bienestar y cree en una salvación que es capaz de enfrentarse a lo diabólico y superarlo. El sistema de raíces ocultas crece sin parar, al margen de los sucesos, de las presiones y de las proyecciones externas. Está siempre en plena efervescencia, bulle hacia arriba, fluye hacia afuera, a través y más allá, sin importar lo que surja en su contra, ya sean fuerzas ajenas o de la propia mujer.

Incluso cuando la acción del ego se ve limitada temporalmente, la mujer oculta bajo tierra, la que cuida la chispa, mantiene esa actitud ante la vida (¡más vida!) que hace que siempre intente salir, que insista en tener más vitalidad, más crecimiento, más conservación, más osadía y más consideración. Y después un poco más y un poco más, hasta que el árbol de la vida que hay sobre la tierra es equivalente al amplio sistema de raíces que hay bajo ella.

Cuando hablamos de creación del alma, de esa autogeneración de un sistema de raíces cada vez mayor, que habita y se extiende por más territorio del alma, estamos viviendo vidas como las de un árbol gigante. No se trata solo de enviar energía hacia arriba. Según va creciendo sobre la tierra, también envía energía de vuelta hacia abajo con la instrucción de hacer crecer el sistema de raíces, de buscar más alimento y más respuestas sensatas a los problemas, todo ello para sostener la copa que crece en lo más alto.

En eso tampoco se diferencia de la vida de una mujer. Cualquier mujer que alguna vez haya prestado atención a sus sueños y se haya fijado en cómo alientan y alimentan sus días y en cómo su vida diaria influye también en sus sueños, sabe que su vida exterior e interior se complementan. En el mejor de los casos, ambas se retroalimentan y se aportan sabiduría. El fundamento inextinguible que hay en el interior de una mujer empuja la fuerza vital hasta su mente, su corazón y su espíritu. Si ella está pendiente, si lo escucha, «le llegarán ideas»; dicho de otra forma, de ella nacerán «hijas» en forma de ideas nuevas y emocionantes para vivir más plenamente y con más significado.

Cuando una mujer crece sobre la tierra en la realidad consensuada, también provoca la expansión de su sistema de raíces y, con ella, el crecimiento de su visión emocional, su escucha activa y su mente lúcida. Es un proceso dual, eterno y sagrado que se origina al prestar una atención consciente a la forma en que la mente de una joven inmadura crece hasta convertirse en la de una sabia llena de vida, que ha madurado con el tiempo y que ahora tiene ganas de bailar.

Se podría plantear que ese ciclo de energía almacenada reside en la mente inconsciente; Jung describía la mente inconsciente como un lugar en el que la psicobiología y la biología se influían mutuamente. Pero, en realidad, sigue siendo un misterio para nosotros el origen de esa fuerza incipiente que nos lleva a buscar, no solo una vida más plena, sino una vida en constante expansión, una en la que las hijas árbol nazcan y crezcan a partir de las raíces de la anciana y sabia madre.

Puede que lo intuyamos, pero no podemos decir con certeza dónde y cómo sucede todo. La fuerza vital de una mujer solo la pueden explicar la poesía, la danza, la pintura, la escultura y otras obras de arte terrenales, el teatro, la decoración, los inventos, la escritura apasionada, el estudio de los libros y de los sueños y las conversaciones con los sabios que tienen sensaciones, sentimientos, pensamientos e intuiciones conscientes. Se necesitan obras y aportaciones de todo tipo, porque hay ciertos asuntos místicos que no se pueden expresar solamente con las palabras mundanas, pero sí a través de las artes y las ciencias, que contemplan aquello que es invisible pero que se puede sentir de una forma palpable.

Sin embargo, en medio de cualquier tormenta o satisfacción, la hermosa fuerza vital estará protegida por la mujer oculta, que se esfuerza siempre por que seamos conscientes de que las reparaciones y los renacimientos empiezan en el mismo momento en que nos desmoronamos. Esa fuerza interior actúa como una *gran mere*, la más grande de todas las abuelas, reivindicándose como la esencia de la cordura y la sabiduría del alma que nos guía siempre y que nunca nos abandonará.

Esta fuente misteriosa se experimenta a través de esos conocimientos claros y útiles que parecen llegarnos de forma inesperada y de orígenes invisibles; aparecen claramente expresados o intrincadamente entrelazados en los sueños, en ráfagas de ideas o energías eficaces que parecen salir de la nada, con repentinas certezas de que alguien está destinado a hacer algo que necesita nuestro amor, nuestro punto de vista o uno de nuestros toques; o quizá sentimos una determinación inesperada de intervenir, de alejarnos o de acercarnos. Como la anciana sabia que aparece sin previo aviso en los cuentos, esta fuente que cuida la chispa dorada se muestra mediante avisos internos para que actuemos de forma discreta o llamativa o a través de un impulso exigente para que creemos algo desde cero, para que apreciemos con más intensidad, arreglemos mejor, lleguemos más lejos y protejamos la nueva vida.

En las mujeres reales, se pueden detectar estas

evidencias de eternidad a primera vista: están en las que siempre buscan un significado duradero en vez de vincularse solo con lo perecedero; en las que desean florecer y por eso desarrollan, de forma firme o vacilante, los ovarios para hacerlo plenamente y con frecuencia; en las que se esfuerzan por ser ellas mismas y ser en el mundo al mismo tiempo, tal vez en dualidad, tal vez todo al mismo tiempo; en las que hacen todo lo que está en su mano por convertirse en fuentes de semillas que lleguen a muchos y para ello se van lejos de su hogar, ya sea mentalmente o en la realidad.

La fuerza y la presencia de la mujer más grande, de la anciana sabia, de la *gran mere*, de la madre más grande, se encuentra en aquellas que son peligrosas, mucho o poco, por su capacidad y su disposición para hacer tambalearse las ideas y las existencias sin alma, tanto dentro como fuera de ella. La evidencia de esa fuente sabia y misteriosa que hay en las raíces siempre queda patente en mujeres que aprenden y anhelan aprender más, que desarrollan una visión interior, que siguen intuiciones, que no aceptan que las detengan o las silencien y que no dicen «No puedo hacerlo» cuando se encuentran con retos emocionales que al principio parecen sobrecogedores, sino que se preguntan «¿Qué necesito reunir para poder hacerlo?».

No importa cómo o dónde vivamos, ni en qué condiciones; siempre tendremos a esa aliada definitiva, porque, aunque nuestra estructura externa se vea insultada, agredida, aterrorizada o incluso destrozada, nadie podrá apagar la chispa dorada ni acabar con su cuidadora oculta bajo tierra.

LAS ABUELITAS. LA ANCIANA MÍTICA.
¿CÓMO PUEDE SER PELIGROSA?
¿Y CÓMO LLEGA A SER SABIA? LA CORTAN
Y CRECE DE NUEVO. LA MATAN Y NACE
DE NUEVO. ENSEÑA A LA JOVEN A HACER
LO MISMO. Y LE AÑADE ARROJO
Y GANAS DE BAILAR.

En los mitos y en los cuentos hay muchos tipos de abuelitas. Las hay distantes, que tratan de consumir las fuerzas vitales de sus parientes, como en un cuento proveniente de Europa del Este en el que las chupasangres buscan primero alimento en sus familias (sus hijos y los hijos de sus hijos) para compensar sus luces menguantes, su vacío y sus elecciones erróneas. Hay abuelas extravagantes, que tienen el pelo verde, las pestañas turquesas y un zapato de cada color y que viajan por el mundo para conseguir que las niñitas entiendan que son hermosas. También están las «abuelas de delantal», que lo saben todo sobre las comilonas y las hambrunas y que llevan consigo alimento para el cuerpo y el alma. Están las abuelas de la costura y las abuelas artistas, que van esparciendo purpurina a su paso y que inspiran a otras a crear siguiendo su instinto.

Hay infinitos tipos de abuelas; todas son únicas y no admiten ninguna categorización. También hay muchas abuelas que son todo lo anterior y más, o totalmente diferentes, todo al mismo tiempo. Cualquier atributo que una mujer posea a los veinte años, como la inteligencia, la dulzura, la sinceridad, la sensualidad o la ternura, con el tiempo y un desarrollo ingenioso, puede duplicarse o triplicarse para cuando se convierta, en mente y alma, en una verdadera *gran mere*.[4]

Hay una figura de este tipo que a mí me gusta mucho. La encontré en un antiguo mito de Nuevo México en el que destaca la imagen desdibujada de una figura que parece ser lo que yo llamaría una «abuela nieve». Da la sensación de que es una personificación de una abuela mítica que tiene un bigote del que cuelgan carámbanos, el pelo de punta coronado de copos y ropajes suaves hechos de montones de nieve. Vive entre los animales y, según las historias que he oído, reconforta a los que sufren enfriando sus cuerpos. No es un espíritu de la muerte, sino más bien una fuerza que produce una anestesia temporal, que proporciona misericordia ofreciendo un respiro del dolor.

Una vez la vi en persona, o eso creo. La llamaban «la vieja» y era una mujer muy anciana que estaba ingresada en el hospital de un diminuto pueblo de Nuevo México en el que estuve trabajando un tiempo. La vieja Ana padecía una fiebre muy alta que los médicos no lograban bajar con nada de lo que le hacían (básicamente, darle fluidos y prescribirle descanso). Pero se trataba de una anciana rebelde que me describió su dolencia diciendo que era «una enfermedad producida por el calor» a causa de una acumulación de bilis, o sea, por un ataque de ira derivado de una disputa que había tenido con una vecina algún tiempo atrás.

La vieja Ana no dejaba de pedirles a los médicos que la sacaran con su silla de ruedas al exterior, a la nieve. Decía que quería abrirse la bata y enseñarle los pechos al cielo. Ellos pensaron que estaba perdiendo la cabeza y que quería salir al frío helador para suicidarse. Nos dijeron a todos que la vigiláramos de cerca y que no le quitáramos la vista de encima.

Es difícil saber si alguien debe recibir felicitaciones o condolencias en una situación así, pero hay muchos casos en los que parece lo más adecuado cumplir las peticiones, o lo que sea (a veces no está muy claro), de una anciana. Son momentos en los que sabes que, si no obedeces, te vas a arrepentir con toda tu alma pasados los años.

Cuando la vieja Ana, con las mejillas ardientes por la fiebre, me exigió que la sacara al frío, en menos de sesenta segundos yo la estaba envolviendo con las mantas de dos camas, cogiéndola prácticamente en volandas para subirla a su silla de ruedas, que ella llamaba «la silla voladora», y sacándola a escondidas por la puerta lateral. Ella iba muy erguida bajo las mantas, que iban arrastrando. Para cubrir su cuerpo desnudo, debajo solo llevaba una de esas batas de algodón azul pálido con estampado de tostadoras y tazas de café que era obvio que ya se había visto sometida a demasiados lavados.

Cuando la saqué bajo el cielo azul oscuro cubierto de estrellas a las faldas de las oscuras montañas de la sierra de la Sangre de Cristo, noté que la vieja Ana estaba en la gloria, exultante y riendo. Pero yo solo pensaba en las empuñaduras de «la silla voladora»; eran metálicas y se habían quedado heladas tan rápido que los cinco mil huesos de mis manos me ardían y me dolían como si estuvieran a punto de romperse. Creí que íbamos a morir de frío allí. Ya podía ver los titulares de los periódicos de aquella pequeña ciudad: «Doble suicidio. Toda la comunidad en estado de *shock*».

Pero a la vieja Ana no le afectaba el frío lo más mínimo. Me pidió que la ayudara a levantarse; de hecho, me lo ordenó: «¡Arriba, mija!», me dijo. Y allí mismo, en medio de la nieve invernal, solas ella, yo y Dios, Ana se puso de pie como un motor a punto de reventar por el esfuerzo de levantar un peso demasiado grande, apoyándose en sus zapatos destrozados, sin calcetines, y con tan solo un gastado pañuelo de gasa en la cabeza. Con mucho trabajo, logró ponerse de pie, con los tobillos temblorosos, y yo pensé: «Vale, solo un momento más y después la siento otra vez en la silla, la envuelvo bien con las mantas y llevo su viejo esqueleto corriendo de vuelta al edificio calentito».

Extendí el brazo para guiarla de nuevo hacia la silla, pero con la fuerza de diez mujeres se giró bruscamente, sí, bruscamente es la palabra, y con una repentina agilidad propia de una mujer de ochenta años menos, soltó un chillido que helaba la sangre y se abrió de un tirón la bata. Y así se quedó, como Dios la trajo al mundo, rodeada de hielo y nieve derretida, con las mantas envolviéndole los pies y la bata tirada en la nieve.

Fue un momento impresionante en varios sentidos, porque tengo que decir, con total sinceridad, que en ese instante tuve que reconocer que los pechos de una anciana son algo bello y maravilloso que contemplar.

Nos quedamos allí, en medio del frío y el viento. Yo había recuperado parte del calor en la cara y en las manos, o al menos no las tenía tan heladas como para no sentirlas. La vieja Ana inspiró hondo varias veces, contuvo la respiración y luego exhaló de forma explosiva. Finalmente, Ana, aquella mujer tan frágil que parecía un pajarillo, vio una estrella fugaz, algo que se puede ver cada pocos minutos en Nuevo México, y entonces me dijo alegre: «Ya está. Llévame de vuelta, mija».

Envolví con cuidado su cuerpo desnudo y helado con la tenue bata mojada, la ayudé a sentarse despacio en la silla, me eché las mantas húmedas al hombro, como si me colgara mis cosas para ir a trabajar a la mina, y, después de mirar rápidamente a un lado y a otro, atravesé corriendo la nieve con la silla, despidiendo en todas direcciones chorretones de nieve derretida, hasta que estuvimos de vuelta en el interior del edificio bajo de adobe, en el que hacía demasiado calor.

Yo era joven e inexperta y, aunque mi corazón me decía lo contrario, temí haber cometido una estupidez por haber sido su cómplice y pensé que me la iba a encontrar unas horas después dulcemente muerta en su cama a causa de una neumonía. O helada y atrapada en un largo bloque de hielo, como un dibujo animado.

Pero Ana no desarrolló ninguna neumonía. Ni tampoco murió. De hecho, tan solo una hora después había mejorado tanto que despertó a todo el personal, escandalosa y feliz, exigiendo con picardía que le dieran aquel té especial, uno al que llamaba «Constante comezón» y que, según ella, avivaba todos los fluidos femeninos (en realidad, se refería a una infusión de la marca Lipton cuyo nombre real es Constant Comment).

La vieja Ana era una mujer que conocía bien su propio cuerpo tan único. Sabía formas de bajar la fiebre que a nadie más se le ocurrirían. Como muchas abuelas, sabía cosas que nadie puede rebatir a menos que se haya vuelto completamente loco o solo le quede una neurona en el cerebro, porque el desprecio de una anciana puede dejar graves marcas en tu pasado y también en tu futuro.

No hay ninguna explicación lógica para algunas de las ideas que tienen las abuelas, aparte de que *saben cosas*. Como a una de mis abuelas le gustaba decir: «los que comparten este conocimiento misterioso no necesitan pruebas, y los que no lo comparten, nunca se convencerán, por muchas pruebas que tengas».

También existe el tipo de abuelita que se caracteriza no solo por su lucidez, sino también por su profundo amor. Hay mitos como el de la curandera que vive en un lugar apartado y que es una abuela querida y portadora de un gran don: prepara el pan del amor que cambia para bien a todo el que lo come. También practica «la imposición de manos» y logra que todo el que toca cambie gracias a su amor y que de su cuerpo desaparezca toda la ansiedad, el dolor, la envidia, el odio y los miedos.

La abuelita humana es una combinación de rasgos y atributos que le parecen mágicos incluso a la familia que la rodea. Puede ser por sus conocimientos sobre «hierbas», esas plantas que sirven para curar el cuerpo y el espíritu. Puede ser por su lucidez, porque es capaz de distinguir la mentira de la verdad a la legua e identificar qué acciones pueden producir recuerdos que merece la pena tener. Puede ser porque cocina como los ángeles y al mismo tiempo no duda en amenazarte con utilizar su faja como tirachinas, con sus botones que se caen y sus ligueros con enganches metálicos, apuntándote directamente a ti si no te comportas como es debido.

Y en todas las abuelitas, como en la vieja Deméter, que curaba a un niño enfermo con un beso, el espíritu se escapa por la pérdida y después vuelve al amor una y otra vez, porque para las abuelitas la vida que merece la pena a menudo emana del tejido de las cicatrices. Las abuelitas ya han pasado la prueba del tiempo. Y ellas son, no solo las que han sobrevivido, sino las que se han esforzado por prosperar.

Una de las principales características de la abuelita en los mitos y los cuentos es que muchas veces dedican su corazón a los jóvenes «que todavía no saben lo que es la vida plena», ya sean niños, cachorros o gatitos, o a los inocentes, los oprimidos o, incluso, los adultos. A veces lo vuelcan en el arte o en una vocación. No importa la destrucción por la que hayan tenido que pasar, los golpes que hayan recibido en lo más profundo, las abuelas siempre mantienen que ese gran amor es la mejor cura, el objetivo supremo y el mejor abono para el alma.

Las abuelas buenas de los mitos y los cuentos de hadas no olvidan el daño recibido ni cómo se lo hicieron, pero a pesar de ello se movilizan para proteger a todos los que han sufrido daños también. ¿Por qué? Porque representan a quien protege «la luz del amor» en este mundo. Creen que esa velita encendida por el amor de su corazón puede mantener iluminados los aspectos que de verdad importan del mundo que sufre y que, si se apagan las luces de sus corazones antes de que se termine su tiempo en la Tierra, el mundo se quedará a oscuras y morirá.

Y ni se te ocurra discutir con una abuela sobre su amor eterno, porque entonces insistirá con fiereza, gracias a su perfecta lucidez, en que ha llegado la hora de que tú empieces, termines o comiences algo de cero.

En ese aspecto, puede que se parezca a la Iris[5] del mito griego, que, para evitar que las mujeres de Troya siguieran navegando sin rumbo y hacer que se asentaran, prendió fuego a sus barcos de frívolos aparejos. Así, las mujeres tuvieron que quedarse en tierra y empezaron, arreglaron, fabricaron y terminaron muchas obras brillantes e importantes.

En la misma línea, pero utilizando una metáfora diferente, los inuits tienen muchas historias que hablan de tener que lanzarse a mar abierto porque todos los recursos de la tierra se agotan y hay muchos elementos nutritivos en las aguas desconocidas. El impulso tras cada una de esas búsquedas es el mismo: profundizar y vivir de verdad para no olvidar el sentido de la vida y morir por perderse lo mejor de esta.

La abuela que ha aprendido mucho sabe que hacerse más sabia es el único cometido de «la señora Destina». Elegir hacerse más sabia significa optar por aprender algo nuevo siempre; sea cual sea la edad, la condición o la situación, el espíritu de la abuela enseña a otros que esforzarse por hacer crecer nuestra sabiduría y reformar y crear nueva vida son actos de inteligencia.

Ser abuela significa enseñar los caminos del amor y la misericordia a los más jóvenes, porque sus consejos y advertencias muchas veces pueden evitar que cometan errores; y si no consiguen hacerlos más sabios al instante, les ayudarán a encontrar sentido a sus equivocaciones cuando se vean envueltos en el desconcierto o el dolor.

Las herramientas mágicas con las que la abuela arquetípica realiza la transformación no han cambiado en miles de años: la mesa de la cocina; una lámpara; una vela; una canción; un ritual; la lucidez; la intuición; una sopa; una infusión; un cuento; una charla; un largo viaje; una revelación; una mano cariñosa; una sonrisa pícara; una muy perfeccionada sensualidad; un inteligente sentido del humor; la capacidad de ver en el interior de los demás y leer en su alma; una palabra amable; un refrán; un corazón que escucha; la ingeniosa capacidad de, si es necesario, sobrecoger a los demás solo con *esa mirada*.

En estos tiempos de gran incertidumbre, que una mujer sea tan sabia como quiera, que actúe en consecuencia y además lo demuestre, supone en muchas ocasiones un acto de rebeldía, pero también es uno de valentía decisiva, es decir, un acto de creación primaria cuando no se está del todo seguro, un acto que personifica la vida y la misericordia del alma, un acto de amor. Que una mujer que siempre está aprendiendo esté constantemente reubicando sus raíces en la vida de su alma es un acto definitivo de liberación. Y enseñar a las jóvenes a hacerlo (y con «jóvenes» nos referimos a aquellas que saben menos o tienen menos experiencia que ella) también es un acto radical y revolucionario definitivo. Esas enseñanzas llegan así lejos, generando verdadera vida, en vez de romper la línea matrilineal viviente de la mujer sabia y rebelde que disfruta de un alma igual.

## *LA HISTORIA DE QUIEN CUENTA ESTA HISTORIA*

En alguna parte de tu árbol genealógico hay personas como estas de las que voy a hablarte. Tú has heredado cosas de ellas. Aunque no las conocieras ni nunca las hayas visto, las ancianas, tus sabias antepasadas, están ahí. Todos venimos de un largo linaje de personas que se han convertido en faroles encendidos que se balancean en la oscuridad, iluminando su camino y el de otros. Y lo han conseguido con un «No me voy a rendir», con un imperioso «Quítate de mi camino», con un profético «Vale, esperaré hasta que no me veas», con un sabio «Para encontrar la salida, voy a ser como el agua y escapar por la grieta más pequeña» o con un sereno «Agacho la cabeza y sigo avanzando, un pie delante del otro, hasta llegar a mi destino».

Sus luces se mecen en la oscuridad, en nuestro interior, porque con un simple palito podemos encender nuestros fuegos a partir de los suyos e inspirarnos en lo que les inspiró a ellas. Lo hemos heredado. Y podemos aprender a balancear nuestras luces en la oscuridad también. Una mujer con esa luz no puede encontrar su camino con la ayuda de una vela o de las estrellas; no puede permitirse no proyectar su luz para iluminar a otras también.

Cuando era pequeña, en mi vida apareció un grupo de mujeres mayores que eran las ancianas más peligrosas que he conocido en mi vida, porque cuando se vieron torturadas por fuerzas y poderes más grandes que ellas, cuando las capturaron, las apresaron y les ordenaron que se apagaran, se extinguieran y murieran, ellas decidieron vivir iluminadas por las luces de sus almas. Aunque las cercenaron de muchas formas, volvieron a crecer y florecieron como árboles en primavera.

Llegaron a mi vida en forma de cuatro ancianas

refugiadas que bajaron de unos grandes trenes negros y cruzaron un andén envueltas en la niebla nocturna hasta el lugar donde las esperábamos emocionados. Llegaron trabajosamente hasta nosotros, encorvadas bajo *dunyhák*, unos edredones gruesos de plumas con cobertores rojo oscuro que llevaban atados con un cordel, y cargando, colgados de sus hombros con unas cuerdas sucias, con baúles negros con la tapa curva y manchas en la madera. De sus cinturones ajados colgaban todo tipo de bolsas y saquitos. Cuando se acercaron a mí, entre la niebla vi que la rueda de madera de una rueca que llevaba la más alta de las mujeres atada a la espalda no paraba de girar.

Yo tenía casi siete años, esa edad en constante tránsito entre el exuberante mundo de los sueños de la infancia y el austero mundo de los adultos. Recuerdo que pensé que aquellas ancianas fuertes que avanzaban por el andén me recordaban a Papá Noel, aunque iban vestidas de oscuro, abriéndose paso entre el humo. Pronto me di cuenta de que tenían esa apariencia porque, además de sus baúles y sus bultos, llevaban encima todas las prendas de ropa que tenían: una falda deshilachada encima de otra terriblemente desgastada, una blusa raída sobre otra manchada, todos sus pares de calcetines desparejados y todos sus delantales gastados.

Eran las ancianas de la familia de mi padre adoptivo. Tras la Segunda Guerra Mundial, habían estado perdidas y desperdigadas por todo el territorio que hay entre Hungría y Rusia, habían sido internadas en *campos de trabajo*, arrancadas de su diminuta granja familiar con ciento cincuenta años de historia y obligadas a dormir en agujeros en el suelo o entre cartones mojados en los campos de deportación o en los trenes del hambre, llenos de orina y excrementos, o algo peor.

En ese momento, tras meses viviendo en los campos, todavía tenían ampollas en las mejillas y en la nariz por los largos días que llevaban marchando, caminando, cojeando, levantando o bajando pesos encorvadas bajo el sol implacable y ante la mirada de los guardias y *vigilantes*, siempre nerviosos y locos de ira. A algunas mujeres les faltaban parte de los dedos de las manos o de los pies; los habían perdido por algún disparo o por la congelación. Tenían el pelo largo y fino y debajo se veía el cuero cabelludo quemado por el sol, como si hubieran sido sometidas a radiación. Todo eso era consecuencia de la desnutrición y de todo lo que habían visto, como ellas decían siempre.

Ver a unas mujeres famélicas y tan cargadas echar a correr como locas es una imagen impresionante. Aquellas mujeres refugiadas estallaron de alegría al lanzarse a los brazos de mi padre. Algunos dirán que, como yo era pequeña, seguro que me abrazaron a mí también, pero el recuerdo que yo tengo es que fueron mis brazos los que las rodearon a ellas y las apretaron durante mucho tiempo. Hubo llantos, palabras murmuradas y caricias en las caras, los hombros y el pelo.

Ellas creían que nosotros les estábamos salvando la vida al traerlas a «Ah-mare-eek-ha» (así pronunciaban ellas América) para que pudieran limpiarse las heridas en la milagrosa tierra negra del Medio Oeste, donde podrían empezar de nuevo una vida en paz. Lo que no sabían era que llegaban también para salvarme la vida a mí. No eran conscientes de que eran la lluvia larga, profunda y perfecta que anhelaba una niña que estaba tan desierta que casi se había convertido en polvo.

Su sola presencia ya trajo riquezas. Aunque les habían arrebatado su amado hogar ancestral, les habían arrancado a sus hijos y a sus maridos y habían acabado con sus iconos, con la satisfacción de la tela blanca que tejían, con sus lugares de culto y sus vidas en los pueblos como ellas las habían conocido, con el simple consuelo que les producía el bosque ancestral que había cerca de su casa y sus medicinas, con la capacidad de proteger a sus hijas, hijos, sus cuerpos, su privacidad y su pudor, habían conseguido mantener su yo esencial y resistente. El yo que no muere, ni ahora ni nunca.

Estas ancianas fueron la primera prueba definitiva que tuve de que, aunque la piel exterior del alma se abolle, se arañe o se queme, siempre se regenera. Una y otra vez, esa piel vuelve a su estado prístino.

A diferencia de las recién llegadas, la parte de nuestra familia que ya se había *americanizado*, aunque hacía menos de cuarenta años que había abandonado la patria, se había convertido en *nem vagyunk az erdöben*,[6] es decir, en «gente que ya no estaba en el bosque». Con frecuencia murmuraban entre ellas: «Actúa como un ser humano. Sé civilizada. No te comportes como si vivieras en el bosque», aunque la verdad es que en Estados Unidos también vivíamos en un bosque, igual que habían hecho ellas en su país.

Yo estaba inmersa en una familia, una época y una cultura que querían convertir a todos los niños en diminutas copias perfectas. Para eso, me enviaron a una escuela de baile en una ciudad cercana donde aprendí el *box step* y el vals más formal de un hombre adusto que fanfarroneaba de que una vez había viajado hasta Chicago y vuelta. Pero aquellas ancianas inmigrantes que en su patria procedían de tribus magiares y de la zona de Csibrák fueron las que me enseñaron realmente a bailar. Ellas me enseñaron a patear el suelo y aullar como un lobo y cómo mostrar los pendientes, los encajes y la garganta.

Las ancianas de la familia abrieron una gran puerta en la niña que yo era y que estaba siendo lentamente empujada a la calcificación. Me enseñaron una entrada a las profundidades de la mente, un lugar conmovedor que estaba, y sigue estando, muy alejado de cualquier cultura que afirma que «las niñas/mujeres/ancianas debería vérselas, pero no oírselas». Me revelaron estratos de la mente que podía tener siempre vivos, llenos de ideas, inventos y de la determinación de tener una vida guiada por lo que podría llamarse «racionalismo apasionado»:[7] una vida llena de pasión y basada en la razón. Fueron estas adoradas *extranjeras* las que me salvaron de caer en el vacío de una conformidad cuidadosamente cultivada.

Yo ayudé a las ancianas a aprender el idioma haciéndoles dibujos en una pizarrita que utilizaba en el colegio. Les dibujé vacas Holstein y Guernsey; grullas, garzas azules y otras aves acuáticas que había en nuestros lagos; robles blancos, tilos, sicómoros, arces plateados y hojas de perales y cerezos, árboles que se encontraban en los bosques frondosos y en los huertos de frutales; y también otras criaturas de nuestra vida diaria. Les escribía con dificultad las palabras en inglés bajo los dibujos. Después, las pronunciaba y ellas las repetían a su manera: *duck* (pato), *dük. Hat* (sombrero), *het. Bull* (toro), *pull. Go* (vamos), *ko.*

En contraprestación, durante todo el tiempo que pasamos juntas, ellas me enseñaron, a través de sus historias antiguas, cosas sobre mujeres de madera, hombres que vivían entre las zarzas, metamorfos infantiles, medicinas fabricadas con palabras pronunciadas sobre el agua, personas sagradas que aparecían de la nada («los intachables») y muchísimas leyendas apócrifas sobre Jesucristo y su divina madre. Envolvieron mis huesos con cintas hechas de historias sobre mujeres que vivían bajo el mar, asesinatos en los bosques y milagros en los cementerios, y otras que provenían del tiempo que habían pasado esclavizadas en los campos de trabajo, de refugiados y de internamiento, historias de coraje y lealtad incuestionables hacia extraños heridos o desesperados y de esos extraños hacia ellas.

Las ancianas tenían muchos años de experiencia en el inmenso arte del trabajo manual: hilar, tejer, teñir, bordar, hacer croché y encaje, hacer punto, fabricar colchas de retales, hacer encaje de lanzadera, plantar, recolectar, desplumar, encurtir, moler, hacer fuego, tornear, sembrar, ver y curar. Al contemplar sus actividades diarias, se hizo evidente que en la vida de una anciana no solo era importante el qué, sino también el «contenido interior»: eso que había dentro de ella, la sabiduría y el corazón que había acumulado, lo que había sembrado, en parte a propósito y en parte gracias al viento, todo lo cosechado con total consciencia.

En todos sus trabajos y manualidades, las ancianas hablaban de lo importante que era cuestionar e incluso resistirse a una vida plana y ante la siempre tentadora llamada de la inacción. Ellas creían que no solo era su deber, sino también su trabajo y un placer, hacer peligrar toda tiranía, reventar todos los pozos atascados y negarse a acatar cualquier orden o regla que pudiera poner en peligro o acabar con el espíritu o desmantelar las esperanzas.

Y como ellas habían vivido la vida más dura posible, yo las creí. Cuando estábamos juntas éramos de nuevo *erdöben*, es decir, mujeres que vivían en los bosques. Aquellas ancianas no permanecían atontadas, corrompidas o reducidas a la nada, olvidadas para vivir o morir solas. Su instinto para las estaciones, la vida y la moral estaba intacto. Aunque no pretendo dulcificar sus vidas (tenían pesadillas durante las que lloraban y a veces tenían momentos repentinos de profunda agitación o de tristeza silenciosa), ellas consiguieron, a pesar de todo, hacer algo más que resistir. Ellas florecían cuando estaban ante la bondad o ante una oportunidad para mostrarla, una combinación especial que produce un elixir de curación.

En su tiempo, y aún en el nuestro, ha habido mujeres que se han visto mutiladas de muchas maneras, mujeres que se esperaba, o a las que incluso se les ordenaba, que permanecieran hundidas, que han visto quemarse la tierra que las rodeaba y han soportado que las aten, las cercenen, las quemen hasta los cimientos, las expulsen y las tiren como si fueran basura; pero esas mujeres han resultado ser mujeres muy peligrosas, porque han vuelto a crecer. Y siguen haciéndolo una, otra y otra vez.

Por eso exigen un lugar en la sociedad, en esencia cualquier lugar que deseen, porque ellas ni esperan, ni suplican, ni se deshacen en halagos con nadie (ni familia, ni cultura) para que se les conceda algo así; lo que hacen es formar un círculo, entrar en él y decir: «Aquí estoy. Si quieres participar, quédate cerca de mí. Si no, apártate, porque vamos a avanzar».

Creo que han podido hacerlo porque en la mayoría de las ocasiones han sido justas y generosas y porque no se han parado a regodearse en un dolor que les durara toda la vida. Han aireado su dolor ante la gente cuando ha sido necesario, pero no han ocultado ni disfrazado sus sentimientos de perdón perpetuo y amor. Lo único que han tenido que hacer ha sido lanzar «esa mirada», y al instante todo el mundo se ha puesto manos a la obra, deseando hacer lo que pedían. Y si han extendido los brazos, los demás han venido corriendo hacia ellos. Han tenido sus flaquezas y han sido, como la mayoría de las ancianas bondadosas, imperfectamente perfectas. Pero también han sido justas, mostrando esa justicia compasiva que tiene su origen en haber sido tratadas sin compasión.

Hoy, que soy psicoanalista y una mujer mayor, creo, como cuando era niña, que si una mujer vive su vida plenamente, a su manera y lo mejor que puede, su vida se convierte, no solo en un ejemplo, sino en un exuberante modelo para las demás, un obsequio que las justas y las generosas le devolverán multiplicado por mil. Nuestros modelos de conducta pueden estar muy cerca o muy lejos, pero el efecto es el mismo. Las mujeres nos volvemos gradualmente como lo que más hemos admirado y lo que tenemos en mayor estima.

En las familias de los países más tradicionales, no importa su situación geográfica, como pasaba con las Parcas y las Gracias, la tarea asignada a las ancianas es crear nuevas tradiciones y mantener las antiguas y, al hacerlo, enseñar y poner a prueba la fortaleza de las jóvenes. En nuestras familias, las ancianas nos han dejado claro que, tras cada tradición, tras cada prueba, había una excelente razón, una razón del alma. Y no tienen intención de dejar de hacerlo.

Aunque hay muchas historias que podría elegir como demostración de esto, me viene a la mente la que siempre hemos llamado *Táncoló Nagymamák*, *Las abuelas que bailan*. Es solo una muestra de cómo las ancianas se emplean a fondo en su importante tarea de transmitir el legado de *lo que importa* a las más jóvenes. En mi familia, había ocasiones (las bodas, en especial) en que las mujeres difuminaban aún más el límite entre lo que ahora podríamos denominar la realidad arquetípica interior y la realidad vital exterior.

En las celebraciones de las bodas, las ancianas arrancaban de sus goznes las puertas de la quietud y olvidaban su intención de pasar desapercibidas para sacar a la luz y en su plenitud sus poderes de brujas buenas y gruñonas, de astutas abuelas y ancianas peligrosas.

Escucha la historia...

## *TÁNCOLÓ NAGYMAMÁK. LAS ABUELAS QUE BAILAN*

Hay una antigua tradición que dice que cuando una hija se compromete para casarse, las ancianas de la familia intentan matar al novio antes de que llegue a la alcoba nupcial. Y el arma que utilizan es el baile.

Las ancianas comienzan con su maquiavélico plan durante el banquete de boda, una gran fiesta que a menudo dura días y que empieza justo después de la larga misa nupcial nocturna, que suele alargarse hasta dos horas. Yo tenía un tío al que apodábamos el tío

Legato (*látogató* significa «visitante» en magiar) porque casi todos los domingos se los pasaba yendo de la casa de un pariente a la de otro y probando el vino casero de cada uno de ellos. Los vinos eran del color de las hojas de los sauces en primavera y para acompañarlos, en cada casa, el tío comía pastelitos con semillas de amapola recién sacados del horno de leña, cubiertos de azúcar glas y con nata montada con canela, y tres tipos de panes tradicionales: el de patata, con su corteza irregular, la gran hogaza ovalada de basto centeno y el oscuro de maíz y granos de pimienta roja («pan de fuego» lo llamábamos).

Mi tío insistía en que la misa fue en otro tiempo un festival pagano de siete días en el que se hacían cánticos y se bailaba, pero que la Iglesia de Roma lo había condensado todo en menos de una hora para atraer a «los que denominaba infieles» hacia una religión «indolora». Pero, según él, la iglesia se había olvidado de cuál era la parte más importante y la había excluido: el baile. «Pero no temáis, nosotros, los de la tribu de Csibrák, somos los guardianes de los ritos antiguos», gritaba. Y se lanzaba a bailar al son de la música con una botella de vidrio verde oscuro llena de vino casero en una mano y en la otra el sombrero de fieltro negro adornado con claveles rojos, que no dejaba de agitar.

En nuestra familia, los banquetes de boda normalmente empezaban de forma muy elegante y con mucho decoro. Pero en cuanto empezaba a correr el vino añejo y a sonar la música, aquello empezaba a parecer un campo de batalla. Después de mucho comer, bailar y beber, los hombres se aflojaban las corbatas, las mujeres se recogían el pelo y los calcetines de los niños acababan negros tras deslizarse sin parar sobre las gastadas tablas de madera de la pista de baile.

En aquella noche de verano y en aquella boda, la parte de comer, beber y bailar había llegado a su zénit. El salón apestaba al sudor limpio de doscientos ciudadanos nacionalizados acompañados por la primera generación de descendientes totalmente estadounidenses.

Como obedeciendo a alguna señal misteriosa, las cuatro abuelas entraron en el salón. Reían y murmuraban entre ellas. Iban embutidas en sus mejores vestidos negros, que brillaban como el recubrimiento de las buenas *kolbász* (salchichas). Se sentaron y se colocaron sobre el regazo sus enormes y brillantes bolsos de mano de plástico negro. Vistas desde atrás, las nalgas de todas ellas parecían dos redondas hogazas de pan.

Aunque las ancianas ya llevaban bastante tiempo en Estados Unidos, seguían llevando el pelo dividido exactamente por la mitad por una raya recta y sujeto con horquillas y se envolvían las robustas cabezas con varias vueltas de unas gruesas trenzas. En los pies, zapatos negros tipo Oxford idénticos que les ocultaban los juanetes. Estaban sentadas con los pies separados, como luchadores de sumo. Parecían cuatrillizas, todas con las manos enrojecidas, las mejillas sonrosadas y unas diminutas cruces de oro colgando de unas finas cadenas también de oro alrededor de sus gruesos cuellos quemados por el sol.

Las manos de aquellas mujeres habían blandido rastrillos y palas, habían retorcido pescuezos de pollo, habían arrancado malas hierbas, arado la tierra y plantado cosechas con aquellos dedos gruesos como palos de escoba. Sabían ordeñar, traer animales al mundo, pastorear ovejas, hilar, tejer y hacer la matanza del cerdo. Sus antebrazos eran testigos de toda su historia.

Lo primero que hicieron tras formar el corrillo fue ponerse a criticar a todo el mundo: quién debería ya tener novia, quién necesitaba un buen sastre... Después empezaron a quejarse de ciertas situaciones. «Si quieres hacerme feliz antes de que me muera, cásate ya», le graznaron a alguien, mientras que a otro le susurraron: «¿Hasta qué siglo voy a tener que esperar para que me des un nieto?». Entre las cuatro decidieron quién tenía que comer más, quién se estaba abandonando por culpa de la buena vida y para quién había esperanzas todavía. Luego se pusieron a comentar quién bailaba bien, quién se sabía los bailes de toda la vida de memoria y quién tenía los pies más ligeros, teniendo en cuenta su peso y edad. Unas magníficas chismosas.

El grupo de seis músicos iba vestido como si viviera en el interior de un reloj de cuco y tocó todas las canciones que se sabían: toda la música que había popularizado Yankee Yankovich and the Yankee Doodlers y la de Milos Szegedi y su Real Orquesta a Cigányok. Se lanzaron con todas sus ganas a por los valses y las zardas y a por todas las polcas habidas y por haber a ambos lados de la frontera.

Los ancianos bailaban el *two-step* con niñas vestidas con pololos con volantitos. Había mujeres con los brazos al aire que bailaban juntas y hombres jóvenes que gritaban y danzaban con las manos apoyadas en los hombros de los demás, con los sombreros negros ladeados en ángulos desenfadados y manchas oscuras en las axilas de sus camisas blancas. Todo el mundo silbaba y gritaba, golpeaba el suelo con los pies y se pavoneaba de un lado a otro por el suelo cubierto de serrín. Todos intentaban aporrear el suelo más fuerte que los demás. Era una competición para ver quién podía dar el golpe más fuerte con el pie mientras gritaba al mismo tiempo «¡Yija!».

Los pendientes y las cadenas de reloj relucían. Volaban los mechones de pelo, se agitaban las faldas y casi no se veía el suelo por la gran cantidad de zapatos de tacón grueso y combinaciones de encaje.

Las cuatro ancianas lo observaban todo con ojos sabios.

El novio y sus amigos se les acercaron para invitarlas a bailar, creyendo que era su deber y sin saber que, al hacerlo, estaban sellando el destino del novio.

«¡Oh, no, no, no!», rechazaron las ancianas. Y volvieron a repetir: «¡Que no, que no!», porque eran muy astutas.

Pero permitieron que tiraran de ellas hasta ponerlas en pie. Y entonces, para enorme sorpresa de los jóvenes, las mujeres empezaron a moverse por toda la pista, dando vueltas alrededor de ellos y del novio como si fueran osos Kodiak de pies ligeros danzando con unos diminutos hombres ratón.

Cuando paró la música y acompañaron a las ancianas de vuelta a sus asientos, los jóvenes iban jadeando y resoplando. Antes de que se dieran cuenta, una de las abuelas agarró al novio y se lo llevó de nuevo para bailar con él.

Lo arrastró por delante de ella alrededor de la pista una y otra vez, como si estuviera atrapado por el quitapiedras de una locomotora a toda máquina. Las otras tres abuelas reclutaron a otros tres jóvenes y los pusieron también a bailar como locos.

Cuando los invitados a la boda se dieron cuenta de que las ancianas estaban en la pista, empezaron a dar palmas siguiendo el ritmo y a gritar, aullar y chillar para animarlas, pero ellas gritaban con más fuerza que los doscientos invitados juntos.

El novio intentó zafarse tras acompañar otra vez a su sitio a la segunda abuela, pero entonces la tercera lo interceptó y lo llevó de acá para allá, como un montoncito de nieve delante de una quitanieves. Finalmente, dejó lo que quedaba de él en manos de la cuarta abuela. Aparecieron más jóvenes para bailar con las ancianas y la dinámica continuó; las cuatro abuelas siempre estaban bailando, una de ellas siempre con el novio.

Las ancianas se movían muy bien y con energía. Se separaban de sus acompañantes y bailaban con más brío, levantándose las faldas para mostrar sus tobillos gruesos envueltos en medias de compresión. Y la multitud danzaba como loca, daba vueltas y vueltas, pateaba el suelo con más fuerza y gritaba cada vez más, con total desenfreno.

El segundo grupo de jóvenes quedó también exhausto. Aparecieron otros tres nuevos voluntarios para agarrar de la cintura ancha a las abuelas. Pero al novio no lo dejaron descansar. Tuvo que seguir bailando. Las abuelas hicieron bailar y bailar a todos los jóvenes. El suelo se estremecía, los vidrios de las ventanas vibraban y temblaban y los gritos de alegría y de esfuerzo hicieron que se aflojaran los clavos que sujetaban las tejas del tejado.

Las ancianas agotaron también a ese grupo de jóvenes y otros tres reemplazaron a los que estaban rendidos. La multitud se volvió loca de alegría. A todos los presentes les ardían las manos de dar palmas, les dolían los pies de golpear el suelo y se estaban quedando roncos, como animales, pero continuaron.

A los músicos se les salieron los faldones de las camisas de las cinturas de los pantalones. Todos daban brincos por el escenario, sin dejar de golpear el cimbalón, ni de rasgar las cuerdas del violín. El acordeonista agitaba en plena locura su enorme instrumento de ébano y madreperla con el fuelle ribeteado de plata, incluso se dejó caer sobre una rodilla con la boca abierta, los ojos cerrados, la cabeza colgando y la mano volando sobre las teclas de marfil, presionando sin parar los botones del instrumento en medio de un éxtasis tembloroso, casi religioso.

Las abuelas pudieron con veinticuatro jóvenes, veinticinco contando al novio. Cuando la música por fin paró, las cuatro abuelas se fueron hacia sus sillas plegables pavoneándose como palomas, sonriendo y mirándose entre ellas, inclinando las cabezas en reconocimiento e intercambiando ese gesto de «la ceja».

Sacaron de sus descomunales escotes unos pañuelos con puntillas de croché hechas a mano y con mucha delicadeza se enjugaron una leve capa de sudor. Los jóvenes, que tenían ríos cayéndoles por las caras y los cuerpos, no paraban de aplaudir.

El novio fue hasta la barra haciendo eses, con la boca abierta y las piernas como si fueran de gelatina. Sus amigos, que no paraban de reírse, tuvieron que sujetarlo por las trabillas del cinturón, y él se quedó colgado entre ellos, como un abrigo descansando en un palo. «¿He pasado la prueba? ¿Sigo vivo?», preguntó. Tenía náuseas.

La más mayor de las abuelas lo consultó con las otras. «*Igen*» («Sí»), confirmaron asintiendo y llamaron a la novia para que fuera a su lado. Estaba preciosa, toda ella parecía una blonda de encaje blanco con adornos de perlas. «*Angyalom, édes kis angyalom*». «Angelita», le dijeron en voz baja, «¿ese es tu semental, tu novio? Pues siempre podrás dar una buena cabalgada con él. Lo sabemos con seguridad porque lo hemos puesto a prueba por ti». Y entonces las abuelas echaron atrás las cabezas, revelando sus dientes de oro, y las cuatro soltaron al unísono una carcajada tan fuerte que estuvieron a punto de caerse de sus sillas plegables. La novia se puso roja y resplandeció, ruborizada pero feliz.

El grupo de música empezó a tocar un vals lento y la pista de baile se llenó de parejas, entre ellas la formada por el novio medio muerto y la novia que lo atendía. Todo el mundo tenía los ojos empañados y una expresión de «Nunca olvidaré esta noche». Porque allí todos, los niños más pequeños, los padres y madres, los primos, las tías y tíos abuelos, los abuelos y hasta los lobos solitarios habían sido testigos del poder que da la edad.

Nadie que presenciara el poder, la alegría y la inteligencia de aquellas ancianas podría jamás enfermar a causa únicamente de la edad, ni tampoco sentirse mal por la sola idea de que la vejez es una época patética. Todo el mundo supo en ese momento que en los años que estaban por venir les esperaba una vida buena, digna y profunda. Aunque sintieron que habría tristezas, decepciones y tal vez discapacidades, el baile de aquellas ancianas les provocó un fuerte anhelo de alcanzar la edad suficiente para conseguir ese tipo de poder, para tener tantas ganas de diversión, para disfrutar tanto de observar, enseñar y poner a prueba a los jóvenes, para aconsejar a los de mediana edad y, sí, incluso para enterrar a los seres que habían amado con todas sus fuerzas durante sus vidas y vivir lo bastante para contar todas las historias. Qué regalo llegar a ser lo suficientemente mayor para recibir todo lo que has dado y todo el amor que cualquiera pudiera desear solo por ser astuta, directa, inteligente, dura y cariñosa.

Por eso al final de la noche, antes de que las parejas empezaran a hacerse arrumacos en el callejón oscuro que había tras la casa, antes de que los bebés se durmieran con sus vestidos de fiesta, como caramelos elegantemente envueltos tirados por ahí, antes de que los hombres se pusieran cariñosos con sus mujeres por causa del vino, antes de que la luna empezara a ponerse en el cielo, las ancianas, las abuelas que bailan, *a nagyhatalmak*, «los grandes poderes», salieron del salón de baile satisfechas porque una vez más habían arado y plantado con la intención de recuperar los campos espirituales de una nueva generación.

Igual que sus madres antes que ellas y que las madres de sus madres antes aún, las ancianas representaban un tiempo que algún día vendrá a buscarnos a nosotras también. Llegar a anciana no es algo que ocurra solamente porque vives muchos años, sino más bien por lo que has vivido durante esos años, por eso con lo que llenamos nuestras vidas en este momento e incluso por cómo nos formamos antes de tener ya cierta edad.

Gracias a ese legado, yo estoy segura de que nunca

es demasiado tarde para profundizar en el mapa. Independientemente de los años que vivamos, podemos empezar a prepararnos ahora para dar ese paso hacia el poder y la sabiduría que dan los años. Todo el mundo tiene la oportunidad de sentirse reavivado por una fuerza intensa e instructiva. Pero solo llegaremos allí si lo establecemos como nuestro destino y empezamos ahora mismo.

A pesar de nuestros vínculos actuales, de nuestras dolencias, dolores, impactos, momentos de empoderamiento, pérdidas, ganancias y alegrías, el lugar al que queremos llegar es ese territorio mental en el que habitan los ancianos, ese sitio en el que los humanos son a la vez peligrosos y divinos, donde los animales todavía bailan, donde lo que se tala vuelve a crecer y las ramas de los árboles viejos son las que más tiempo mantienen sus flores. La mujer oculta que cuida la chispa dorada conoce ese lugar. Ella lo sabe. Y tú también.

ORACIONES DE GRATITUD.
POR LAS ANCIANAS PELIGROSAS
Y POR SUS HIJAS REBELDES Y SABIAS.

# 1

Gracias por todas las ancianas del mundo, por todos y cada uno de los tipos creados: las que han traído suavemente las olas, las que han estado a punto de hundirse por muchas tormentas y borrascas, las que se han aferrado a los restos de un naufragio para mantenerse a flote durante el tiempo suficiente para llegar a tierra. Por las ancianas con todas sus variaciones, dolores y talentos, tímidas o seguras, medio desastradas o arregladas, pero aun así firmes y orgullosas. Por las tribus de grandes ancianas con sus cueros y sus plumas, sus hojas, sus pieles y sus faldas, con sus ropas de guerreras, con sus alas, sus fajas y sus chales adornados con broches ceremoniales, collares y símbolos de autoridad, con su orgullo atlético y tierno, con sus picos, sus colas y sus tules y encajes que lucen y pasean con sus aires y su sensualidad, con sus comportamientos inesperados y escandalosos, con todas sus excentricidades y sus pinturas y encajes tribales, con los colores de su clan y sus insignias de poder, con su sangre feroz y a la vez llena de bondad y con sus ojos brillantes. Por todas sus formas de conservar y de ser generosas. Por su suprema preocupación por la decencia, la vida creativa y los cuidados para que el alma no desaparezca de la faz de la Tierra. Por toda esa bendita belleza que hay en ellas.

Por ellas. Recemos para que la fuerza y la curación lleguen hasta sus huesos siempre llenos de coraje.

## 2

Por todas las ancianas astutas que están aprendiendo cuándo es el momento adecuado de decir lo que hay que decir y no callar, o de callar cuando el silencio es más elocuente que las palabras. Por todas las ancianas en ciernes que están aprendiendo a mostrar bondad cuando sería mucho más fácil dejarse llevar por la crueldad, que ven que pueden cortar cuando es necesario y además hacerlo con un corte único y limpio, que practican el arte de decir toda la verdad con toda la compasión posible. Por todas las que ignoran las convenciones y prefieren estrecharles la mano a los extraños y saludarlos como si los hubieran criado desde pequeños y los conocieran de toda la vida. Por todas las que están aprendiendo a hacer vibrar sus huesos, a sacudir la barca —y la cama—, así como a calmar las tempestades. Por las precavidas que guardan un poco de aceite para la lámpara, que respetan el silencio en su rutina diaria. Por las que mantienen los rituales, las que recuerdan cómo hacer fuego con un simple pedernal y un poco de paja. Por las que recitan las antiguas oraciones, recuerdan los símbolos, las formas, las palabras, las canciones, los bailes y para qué servían los ritos en el pasado. Por aquellas que bendicen a otros con facilidad y frecuencia. Por las ancianas que no tienen miedo —o sí— y actúan de forma eficaz de todas formas.

Por ellas. Que tengan una vida larga, llena de fuerza y salud y que puedan desplegar su inmenso espíritu.

Por las abuelas de las cocinas, cuyas manos, corazones y mentes producen muchos alimentos (dulces, agridulces, ácidos, suaves, picantes) que se quedan en el alma mucho tiempo después de que los registre la mente. Por todas las pioneras, las que han desafiado a la muerte, las *omahs* y *bubbes* valientes y todas las *nonnas* y *zias* atrevidas que son ejemplos vivos de lo que significa ser cuerpo y a la vez alma. Por todas las tradicionales y las *donnas saggias*, tranquilas como los ríos y que proporcionan vida a los que llegan a trompicones a su costa o huyen hacia sus orillas.

Por todas las ancianas que calman y ayudan a curar a todos los que tocan, estén en la situación que estén. Por todas aquellas que, al menos una vez, han profundizado para llegar hasta aquellos con heridas profundas que otros que no ven o se niegan a tocar. Por las que se atreven a dar cobijo a unos ángeles que llegan sin previo aviso. Y por las que se compadecen de los animales abandonados. Por las ancianas que aparecen salpicadas de

pintura, adornadas con ideas radicales, o que simplemente dan la cara por una buena razón cuando
nadie más se atreve.

Por ellas. Que siempre sean siempre valientes; que
sus almas queden protegidas por muchas otras almas, porque traen recursos ganados con el sudor
de su frente a este mundo tan necesitado de ellos.

## 4

Por todas esas tías clarividentes y por aquellas que se erigen en abuelas guardianas de cualquier alma que las necesite. Por las que adoptan hijas e hijos, sean o no de su propia sangre, con la misma facilidad y compatibilidad con la que se produce la unión entre las flores y las abejas. Por las *khaleh*, «las adoradas»,[8] es decir, las ancianas que cuentan con el aprecio de una mujer más joven (no importa si durante cinco segundos o mil años). Por todas las ancianas que están tejiéndose una vida vibrante urdiendo esa trama con, al menos, un hilo de audacia, dos de rebeldía y tres de sabiduría. Por las ancianas que en voz alta inician discusiones inspiradas, cambian de opinión, rectifican, perdonan, deslían y arreglan lo que ocurre en sus vidas y en sus relaciones para que las almas con menos experiencia las vean y aprendan a hacer lo mismo sin sentir vergüenza. Por las mujeres unidas a sus raíces; las abuelitas de negro, todas las ancianas de las iglesias con sus fabulosos sombreros, las que lucen henna, saris y velos para cubrirse la cabeza ante los ancianos y ante lo que es sagrado, las que se cubren con la mantilla y llevan el rosario en la mano, las que visten túnicas en tonos azafrán y granate, aquellas que usan el *dharma* como su atuendo principal para cualquier ocasión, las que usan el antiquísimo hiyab y aquellas que se envuelven la cabeza con el sagrado *talit* con su terminación de flecos, como si estuvieran de nuevo en la antigua tienda de Sarai; por aquellas que llevan kipás de abalorios y por las que se adornan la cabeza con arcoíris y un montón de estrellas y se peinan haciendo formas que imitan las flores de calabaza. Por todas las que están en los montes y cascadas sagrados, en los bosques y los templos hechos de tierra y barro, por todas las que están en «la iglesia bajo la iglesia»[9] y las que todavía pueden visitar la diminuta catedral roja del corazón. Por todas esas mujeres unidas a sus raíces que suplican para conseguir paz, amor y comprensión y que no dejan de agradecer y alabar con tanta fuerza que flores blancas prácticamente se abren sobre sus cabezas cuando rezan.

Por ellas. Que sigan enseñándonos siempre a amar este mundo y a todos los seres que hay en él de las formas que más le importan al alma.

Por todas las inteligentes y valientes, por las simpáticas, las *gran meres*, las *Big Mamas* y las *Tantes especiales*. Por todas las entusiastas *Bon Mamas* y las humildes grandes mujeres que se casaron con el mismísimo amor y dieron a luz a cinco niñas rebeldes llamadas Paz, Esperanza, Clarividencia, Interferencia y Rebeldía. Por las veneradas que vertieron sobre nosotros, hace veinte, treinta, cuarenta, cincuenta, sesenta, setenta u ochenta años, un río de consejos y advertencias y añadieron mapas del tesoro plegados para que nos los lleváramos a la jungla. Por las que nos desafiaron, nos animaron, nos acicatearon y nos empujaron, acciones que nos hicieron crecer y dirigirnos a los caminos que nos llevarían a un mayor crecimiento de nuestras almas. Por sus caricias cariñosas, sus miradas tiernas, sus extrañas formas de incitarnos a innovar y a ser tan valientes como ellas. Por susurrarnos «No tengas miedo, estoy contigo, no te desanimes, sigue adelante, ahora brilla, ahora ocúltate» y «No, esa no es la manera» o «Sí, así sí». Por sus bromas cómplices y sus gustos por lo sensual, por su conducta vergonzosa y sus cualidades entrañables, por establecer límites, mantenerlos, traspasarlos, eliminar los que constriñen y reforzar los que son demasiado difusos. Por esas grandes ancianas, *les dames*, algunas venerablemente maduras por sus años y otras ancianas por la madurez de su alma, pero todas sabias, cuya simple existencia las convierte en el norte verdadero para otras.

Por ellas. Que siempre estén a salvo, alimentadas por muchas fuentes, y que siempre reciban demostraciones de amor y gratitud que mantengan sus almas floreciendo sobre la tierra, donde todos puedan verlas.

## 6

Y por las queridas hijas. Por las que están aprendiendo a ser sabias y a estar completas de nuevo o por primera vez. Por todas las grandes ancianas que reconocen que no pueden existir sin las jóvenes, para meditar juntas, para enseñarles, para aprender de ellas, para encontrar en ellas el humor y el potencial y para apoyarse y volcarse en ellas. Por todas las jóvenes que se dan cuenta de que no tendrían una vida tan buena sin la esencia quijotesca de las ancianas más sabias que están con ellas para meditar, para enseñarles, para aprender de ellas, para encontrar en ellas el humor y el potencial, para apoyarse y volcarse en ellas. Por todas las hijas jóvenes, de mediana edad y mayores que aún no se han acercado nunca al fuego del hogar de sus abuelas, por las que lo han hecho muchas veces y por las que lo harán por última vez. Por todas las grandes hijas y las grandes ancianas que mantienen vivos los fuegos de esas relaciones duales con cartas, libros, enseñanzas, reuniones, dichos y exclamaciones, viajes con capas y plumas en el sombrero y con la simple cercanía. Por todas las hermosas mujeres jóvenes, ancianas y a medio camino entre ambas que se buscan entre ellas, que trabajan para ser madres-hermanas-hijas las unas de las otras, que comprenden que son el refugio para la otra. Por aquellas que entienden que están juntas para que tanto la que tiene menos experiencia como la que tiene más puedan encontrar su hogar. El hogar: ese lugar del alma que, según se va adquiriendo la sabiduría de los años, se habita cada vez durante más tiempo. El hogar: cualquier lugar donde haya necesidad, cobijo o exaltación del amor.

Por ellas, para que sus corazones peregrinos siempre se encuentren y no pasen de largo, sino que permanezcan cerca el uno del otro, se refuercen entre sí y sostengan los perímetros y los portales del mundo del alma que están dedicadas a cuidar.

Por todas las hijas inteligentes, ignorantes, perdidas y sabelotodo. Por las hijas que toman el camino directo y por las que van a trancas y barrancas. Por las que están aprendiendo a llorar de nuevo y también a reír. Por todas ellas, independientemente de si están completas, curadas o no, y de cuál sea su clase, clan, océano o estrella. Por todas las hijas que heredaron amor en abundancia de las queridas ancianas que ya dejaron este mundo, pero que todavía las visitan. Por todas las hijas que alguna vez oyeron sin querer el consejo de una sabia que iba destinado a otra, pero que supieron aprovechar esas *palabras correctas en el momento adecuado* para encender una chispa que iluminó su mundo de entonces en adelante. Por todas las hijas que oyeron palabras sabias y no las entendieron, pero las guardaron para el día en que llegaran a comprenderlas. Por las hijas que reman solas y que encuentran por necesidad a sus ancianas en preciados libros, en reveladoras imágenes de cine, en cuadros, en esculturas, en la música o en la danza. Por las hijas que adquieren el sentido común y las actitudes necesarias que aportan los espíritus de sabiduría curtidos y fugaces que aparecen de noche, en los sueños. Por las hijas que están aprendiendo a escuchar a la anciana sabia de su mente que se manifiesta en forma de extraña sensación interior de clarividencia y de intuición a la hora de oír, sentir y actuar. Por las hijas que saben que esa fuente de sabiduría interior es como la olla de gachas del cuento de hadas que, gracias a la magia, nunca se vacía por mucho que se derrame.

Por ellas. Benditas sean su hermosura, su pena y su búsqueda. Que nunca olviden que las preguntas no encontrarán respuesta hasta que consideren ambas formas de ver las cosas: la lineal y la interior.

## 8

Por todas las hijas y las ancianas que apoyan lo que es bueno y se apartan de la obediencia ciega a cualquier cultura dominante que recompense solo lo plano y censure el pensamiento. Por todas las hijas y ancianas que se están convirtiendo en escaladoras cada vez más astutas de montañas místicas y en viajeras de caminos abruptos. Por las que ponen cada vez más el alma en lo que dicen y hablan para los animales, las aguas, las tierras y los cielos. Por las que tienen calderos cada vez más profundos, las que se convierten en lentes de aumento para la luz del faro y las que se elevan en forma de tierra firme en lugares donde no la había. Por las que se ven consumidas por su enseñanza y su aprendizaje y por las que descansan antes de volver a levantarse con gusto de nuevo. Por las flores nocturnas cuya fragancia conmueve profundamente y permanece, aunque las flores se oculten. Por todas las hijas y ancianas que tienen las manos no solo en la cuna, sino también en el volante del mundo que está a su alcance.

Por las que abandonaron algo esencial y que les daba vida y supieron recuperarlo. Por las que destrozaron algo y se disculparon con humildad por amor. Por las que dejaron algo sin hacer, olvidado, o no comprendieron su importancia, pero volvieron, lo reconstruyeron, lo suavizaron y le otorgaron *la bendición* lo mejor que supieron. Por todas las hijas y ancianas que adoptaron el papel de culpables y que dieron su sangre y hasta sus huesos para reparar lo que otros habían desgarrado. Por las hijas y las ancianas a las que siempre les interesa más dar amor que tener razón.

Por ellas. Que se den cuenta de lo preciosas que son sus vidas y de que, a pesar de cualquier problema, son siempre los baluartes, las piedras angulares, las notas dominantes y esos ejemplos que tanto se necesitan.

Por todas las hijas y ancianas que son prueba viviente de que, a pesar de las denigraciones culturales que apuntan lo contrario y de los dolores del corazón, de los caminos equivocados, de los accidentes y de los incendios, el alma vuelve a la vida y sigue viviendo de una forma fulgurante. Por todas las hijas y ancianas que hace mucho que están seguras, o acaban de descubrir, que, pese a todas sus debilidades y pese a todos los discursos de su ego que les digan lo contrario, han nacido con sabiduría en sus cuerpos y en sus almas, y ese es su legado más valioso y también su chispa dorada. Por todas las hijas y ancianas que están creando las referencias que de verdad importan y que son prueba de que una mujer es como un gran árbol que, con su capacidad de moverse y no permanecer inmóvil, puede sobrevivir a las tormentas más fuertes y a los mayores peligros, mantenerse en pie y encontrar su camino para seguir con su balanceo y continuar el baile. Por todas las hijas que, tanto si acaban de empezar como si ya llevan un trecho, son ellas mismas mientras están en formación para convertirse en *ordinariamente majestuosas* y tan sabias, rebeldes y peligrosas como digan los demás que son (y eso es mucho mucho).

Por ellas. Y por todos nosotros, grandes madres, padres, hijos e hijas. Que profundicemos y florezcamos, nos creemos a partir de las cenizas y protejamos esas artes, ideas y esperanzas que no podemos permitir que desaparezcan de la faz de la Tierra. Por todos, para que vivamos mucho y nos amemos los unos a los otros, siendo ancianos jóvenes y jóvenes ancianos, ahora y para siempre.
Amén.[10]

«Cuando alguien vive plenamente,
los demás también lo hacen».

# BIOGRAFÍA OFICIAL

*Doctora Clarissa Pinkola Estés*

Académica conocida internacionalmente, poeta galardonada y psicoanalista junguiana especializada en las secuelas del trauma, la doctora Estés trabajó durante cuatro años en el instituto de Columbine y en su comunidad tras la famosa masacre. Actualmente, trabaja con las familias de los supervivientes del atentado del 11 de septiembre, tanto en la costa este de Estados Unidos como en la oeste.

Ha recibido el premio Joseph Campbell, Keeper of the Lore, y recientemente ha escrito la introducción para la edición que conmemora el centésimo aniversario del libro *El héroe de las mil caras*, de Joseph

Campbell, publicado por Princeton University Press. La doctora fue incluida en el Paseo de la Fama Femenino de Colorado en el 2006 en reconocimiento a su labor como escritora y activista a favor de la justicia social.

Es miembro del consejo del Maya Angelou Research Center of Minority Health de la Wake Forest University School of Medicine e imparte clases sobre aspectos psicológicos y espirituales de la curación y autocuidados para cuidadores en segundo y tercer cursos de la residencia médica.

La doctora Estés también imparte clases en otras universidades como «distinguida profesora visitante». Además, ha recibido el premio Las Primeras, otorgado por la Mexican-American Women's Foundation de Washington D. C.

Su libro *Mujeres que corren con los lobos: Mitos y cuentos del arquetipo de la mujer salvaje* estuvo en la lista de superventas del *New York Times* durante tres años. Esa obra y otras como *The Gift of Story: A Wise Tale About What is Enough* o *The Faithful Gardener: A Wise Tale About That Which Can Never Die* han sido traducidas a treinta y dos idiomas.

Su obra *La Curandera: Healing in Two Worlds* ha

sido publicada por Texas A & M University Press. Otra de sus obras, *The Dangerous Old Woman: Myths and Stories of the Wise Woman Archetype*, y un tercer libro, una recopilación de sus poemas que se titula *La Pasionaria, A Manifesto on the Creative Life*, han sido publicados por Alfred A. Knopf.

# BIOGRAFÍA ÍNTIMA

*Cuando era niña,*
*los zapatos nunca me quedaban bien;*
*siempre me salían unas grandes ampollas rosadas en*
*    los talones.*
*Ya no me acuerdo si era porque me apretaban mucho*
*    los zapatos*
*o porque yo tenía los pies demasiado grandes.*

*Mis pobres padres, con los sombreros en la mano,*
*le preguntaron al médico: «¿La niña está bien?».*
*Y el médico les dijo: «Sus pies no están bien.*
*Son imperfectos».*
*Por eso mis padres se gastaron el poco dinero que*
*    tenían*

en unos zapatos reforzados
para esos pies que no estaban bien.
El médico los amenazó diciendo:
«Nunca más debe ir descalza».

Con aquellos zapatos tan pesados, cuando caminaba
    o corría,
me iba dando patadas en la parte interior de los
    tobillos.
También hacían que se me juntaran las rodillas,
que los huesos chocaran entre sí y que los tobillos
    me sangraran.
Pero sin aquellos zapatos, sin ningún zapato,
los perros y yo podíamos correr como el mismísimo
    viento.

Todos los niños tienen una vida secreta
lejos de los adultos.
Por eso, tanto si era verano como si estaba nevando,
me daba igual y me escapaba
a una de las salas del trono verde
del bosque y allí me desataba
los largos cordones,
abría su dura parte superior

*y me quitaba aquellos zapatos que pesaban una*
  *tonelada*
*y que podrían acabar con una mula si le daba una*
  *patada con ellos.*
*Después simplemente me quedaba sentada,*
*cantando en voz alta melodías infantiles,*
*mientras movía los pies descalzos y atentos al compás.*

*Obligada de nuevo*
*a llevar esos zapatos un año tras otro,*
*empecé a pensar en*
*cortarme los pies,*
*solo para ver cómo se desmayaba el médico,*
*para mostrarle el reflejo de su brutal visión*
*de cómo debían ser los pies perfectos.*
*«No va a caminar bien nunca,*
*durante el resto de su vida», aseguró.*
*«Están mal. Muy mal», sentenció.*
*Una vez oí a una madre rica*
*decirle a su hija, que iba de punta en blanco,*
*en un baño público*
*en el que había que pagar diez centavos*
*para mantenerlo limpio*
*y no tener que usar uno sucio:*

*«No estires nunca los pies,*
*no te quites nunca los zapatos,*
*ni siquiera cuando duermas.*
*No querrás tener pies de gente ordinaria»,*
*advirtió aquella madre.*
*Y yo me dije:*
*«Pero si los pies de la gente ordinaria son...*
*ordinariamente buenos, ¿no?».*

*«¡No! No tiene arco», dijo el médico.*
*«Están mal. Muy mal», insistió.*
*Aquellos zapatos tan pesados eran para evitar*
*que el arco de mis pies tocara el suelo,*
*«como un indio de pies planos» dijo el médico.*
*«Pero mis ancestros...», murmuré.*
*«Soy una india de pies planos», corregí.*
*Y después, cuando crecí y vi*
*a aquellas antepasadas mías*
*con sus plantas amplias y regordetas,*
*supe que mis pies estaban hechos*
*para caminar mientras segaba los campos,*
*para recorrer largos caminos de tierra en la oscuridad,*
*para ingerir nutrientes que vienen directamente de*
     *la tierra*

y suben por los pies,

para pavonearme, arrastrarme

y dar vueltas en círculo al bailar.


Pero entonces, en lo que se denominaba

la «cultura de la educación provinciana»,

los pies de las mujeres

muchas veces se convertían

en pequeños sacrificios humanos

y había que mantenerlos pequeños,

constreñidos,

no como tiene que ser un pie.

Sin poder correr

cuesta arriba o

cuesta abajo

o simplemente lejos.

Y resultó que ese

era justo el objetivo.


Pero mis pies aun así huyeron

conmigo pisando con ellos.

Hoy ya no llevo zapatos reforzados

para caminar bien,

porque tanto con ellos como sin ellos
nunca he caminado en línea recta.
Incluso a día de hoy, cuando voy por la calle
me voy desviando,
porque de repente tengo ganas de ver algo,
de disfrutar de ese paseo,
de recuperar esa noche,
de hablar con esa alma o esa criatura,
de girarme para ver crecer esa flor
a través de una grieta en una piedra,
o de agacharme para hablar con un niño
sobre la importante tarea
de perseguir conejos para conseguir crédito académico,
o simplemente de pararme y contonearme ante un
    amante.
Mis pies y piernas pertenecen a esa persona que baila,
que también es la dueña de mis caderas.
Y esos zapatos correctores
no corrigieron nada
que mi alma necesitara de verdad.
Mi modo de andar, mis pasos
y mi postura, lo más importante,
han permanecido desarreglados.

*Ahora creo que los zapatos*
*son para mí obras de arte esenciales.*
*Solo espero que por fin esté bien*
*que yo a menudo lleve*
*zapatos de lo*
*más irrelevantes*
*y a veces irreverentes.*
*¿Puedo ver esos negros con rosas rojas,*
*los de las tiras que rodean el tobillo una y otra vez?*
*O esos con bonitos lazos en los talones.*
*O las botas de motorista con punta de acero.*
*O esos mocasines de gamuza que me permiten*
*sentir hasta la más mínima semillita bajo sus suelas.*
*Creo que ha llegado por fin el momento,*
*lo sé sin consultar a ningún médico,*
*de que pueda ir descalza*
*siempre que quiera*
*para poder ver y oír de verdad.*


Ser una anciana joven y una joven anciana.

Cuando alguien vive plenamente,
los demás también lo hacen.

NOTAS

1. Comadre: Es una palabra que significa, más o menos: «Soy tu madre y al mismo tiempo tú eres la mía». Se utiliza para describir una relación cercana entre mujeres que se cuidan, se escuchan y se enseñan entre ellas cosas en las que el alma siempre está presente. A veces, incluso hablan de ella o con ella directamente.

2. «Anciana peligrosa»: En esta expresión que he acuñado yo, utilizo la palabra «peligrosa» atendiendo a su significado más arcaico, proveniente de los tiempos en los que significaba «que protege, que vigila, o que está protegido o vigilado».

3. Hierogamia: Palabra proveniente del griego que significa «boda sagrada» entre lo humano y lo divino y que sirve para transformar a ambos. Muchos grupos religiosos han creado rituales alrededor de esta idea antigua. En el fondo, lo

que implica es la unión de dos fuerzas opuestas de la que nace una tercera, producto de la fusión de las dos. Una tercera idea, energía o forma de vida que es la consecuencia de mezclar lo antiguo y lo moderno, lo eterno y lo finito. Las representaciones de la gran anciana y de la brillante joven con su propia sabiduría de la vida son polos opuestos en la mente de la mujer; pero este tipo de *opuestos* son diferentes, pero complementarios en su raíz, no hostiles. Cuando el alma se desgaja del espíritu, es probable que se tenga una perspectiva limitada por el ego, por sus distorsiones provocadas por el espíritu herido, sus apetitos, sus límites erróneos, sus proteccionismos y sus complejos. Jung afirmaba que el ego es como una diminuta isla en el enorme océano de la mente. Lo veo una y otra vez en mis pacientes; a pesar de la utilidad y del valor del ego en ciertos momentos, este no está pensado para convertirse en una figura dominante en la mente. Los que están pensados para eso son el alma y el espíritu. De ahí el viraje que hace la gran nave que es la mente en mitad de la vida para alejarse de la vida del ego, erigido en líder, y dirigirse hacia una vida guiada por el alma y el espíritu en hierogamia.

4. *Gran mere*: Me gusta mucho que existan ancianas que dicen que esta forma de decir abuela puede entenderse también como «gran mar abierto»: *mer, mar, mara, mere, ma, madre, mother...* El mar, la fuente de la vida.

5. Iris: En la Eneida también aparece bajo el nombre de Beroë.

6. *nem vagyunk az erdöben*. Se pronuncia: [Nem vaj-ünk ash] - [air-döw-bane].

7. Racionalismo apasionado: Algunos dicen que el racionalismo nunca puede ser apasionado y que la pasión nunca es racional. En mi opinión, eso es incorrecto. Una vida racional, para que merezca la pena vivirla, debe ser profundamente pasional y una pasión que merezca la pena tiene aspectos racionales para que pueda formarse correctamente y manifestarse en la realidad consensuada. Ambas se dan en un proceso dual, como pasa con las raíces de un árbol, que crecen hasta que se convierten en ramas que, a su vez, envían mensajes a las raíces para que también prosperen y se expandan.

8. *Khaleh*: Esta es una palabra que me enseñaron mis estudiantes iraníes hace muchos años y que significa «cercanía cariñosa y familiar» o «similitud psíquica con otra alma». Se parece a esa otra preciosa palabra de la que he hablado antes: «comadre». Eso es lo que significa ser comadres: amigas íntimas y queridas que actúan entre ellas como madres cariñosas; ambas se cuidan y se protegen, comparten confidencias, se consuelan y se guían en diferentes partes de sus vidas: las vidas de sus corazones, sus vidas interiores secretas y sus vidas soñadas. Las *khaleh* y las comadres hacen todo lo posible para vivir bajo el cobijo de la otra, tanto en tiempos de carcajadas como de profundo dolor y también cuando valoran la última aventura, cuando contemplan

nuevas naves recién botadas dirigirse a mar abierto o cuando suben a las ramas más altas para ver lo que nadie alcanza a ver. Este vínculo es sagrado entre mujeres.

9. «La iglesia bajo la iglesia»: Es una frase de un poema que escribí y una de las claves del discurso que di ante tres mil quinientas almas intrépidas del Medio Oeste. La «iglesia bajo la iglesia» hace referencia a la enorme ráfaga de chispas original, al pozo artesiano oculto en el origen, al *ruach* primitivo. No se trata solo de una brisa, sino de un torbellino de *inspiratus* (inspiración) desatada, la esencia del espíritu y el alma. «La iglesia bajo la iglesia», «el templo bajo el templo», «el lugar bajo el lugar» es un sitio al que el alma va de buena gana, sin vergüenza ni restricciones. El alma fluye hasta allí fácilmente con el corazón abierto y en cualquier circunstancia para pedir, rezar y dar gracias por el amor y la orientación inmaculados.

10. Amén: Que esta última nota se convierta en una bendición para cerrar este apartado final de notas. La palabra «amén» proviene de una larga genealogía de lenguas antiguas y venerables hasta llegar al latín, conectando en su pasado con el griego y antes incluso con el hebreo. «Amén» en esas lenguas significa gritar desde lo más profundo del alma sabia y rebelde: «¡Es cierto! ¡Es cierto!». Que así sea. Que así sea.

¡Amén! ¡Amén! Que así sea.

# Queremos compartir más momentos contigo.

Únete a la comunidad de Penguin Libros y encuentra tu siguiente lectura.

¡Únete hoy!

Penguin
Random House
Grupo Editorial